TOUS LES OCÉANS DU MONDE
71 j. 14 h 22' 8"

DU MÊME AUTEUR
CHEZ POCKET

MÉMOIRES SALÉES
VIEIL OCÉAN

avec Jean Noli

HOMME LIBRE...
FORTUNE DE MER

OLIVIER DE KERSAUSON

TOUS LES OCÉANS DU MONDE
71 j. 14 h 22' 8"

LE CHERCHE MIDI ÉDITEUR

- - - - - - - - - Parcours de Peter Blake en 1994
———————— Parcours d'Olivier de Kersauson en 1997

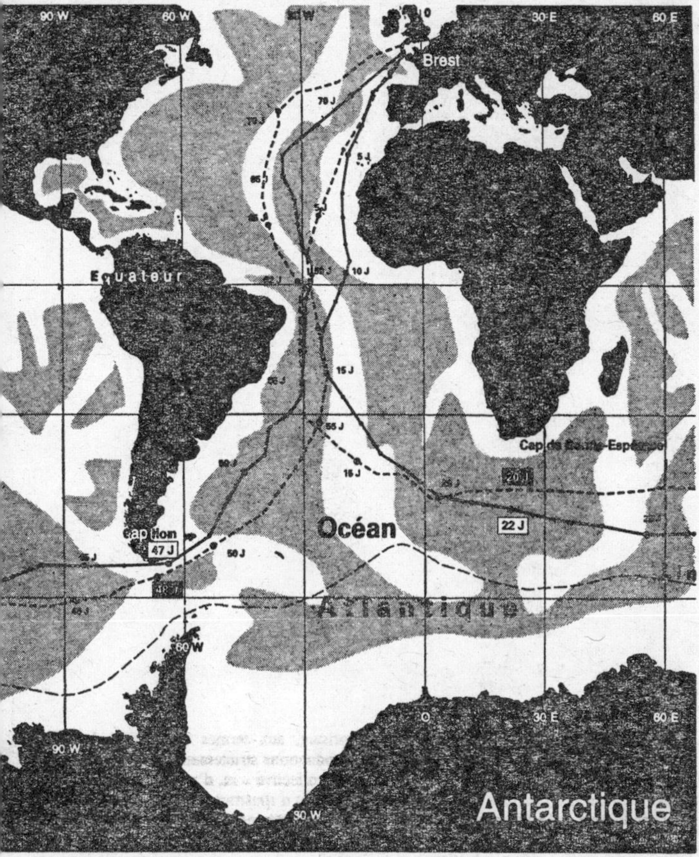

90 W
60 W
30 E
60 E
Brest
70 J
5 J
10 J
Equateur
15 J
55 J
15 J
Cap Horn
47 J
50 J
20 J
22 J
Océan
Atlantique
60 W
0
30 E
60 E
90 W
30 W
Antarctique

ISBN 2-266-08209-4

PARTIR...

Nous sommes le jeudi 6 mars 1997. La nuit est tombée et je viens de larguer les amarres. Pour la seconde fois en deux mois, Sport-Elec va couper la ligne entre Ouessant et le cap Lizard et tenter de reprendre à Peter Blake le Trophée Jules Verne qu'il détient depuis trois ans.

C'est la fin de la guerre des nerfs et d'une attente insupportable. Après un long mois de sadisme, le vent du secteur sud/sud-ouest, qui s'acharnait sur les côtes bretonnes, a enfin demandé à souffler ailleurs. De toute façon, je me suis mis d'accord avec mon routeur, Bob Rice, nous savons que nous n'aurons pas le temps idéal qui nous permettrait de descendre en 7 jours 9 heures comme nous l'avions fait contre Peter Blake.

Il va falloir se contenter d'une accalmie. Une accalmie qui nous permette de sortir d'ici est le minimum que j'ai imposé, c'est-à-dire accepter de mettre trois jours pour arriver par le travers de Lisbonne, pour nous dégager de cette zone. Ce n'est pas très brillant, de toute manière, rien n'est brillant, rien n'a jamais été brillant depuis que nous nous attaquons à ce parcours. Voilà deux ans et demi que nous cherchons des conditions correctes pour rejoindre l'équateur dans des temps acceptables, crédibles sur un record, nous ne les avons jamais trouvées. Aller-retour, aller-retour, calmasse, déception, le vent qui ne vient pas, et puis cette obsession de l'horaire, du timing, nous savons qu'il nous faut gagner des secondes et, à chaque fois, nous nous trouvons dans des conditions où toute espérance de faire un bon parcours doit disparaître.

Dans la nuit, durant la manœuvre, je pense à tout cela, je pense aussi que je me trouve obligé d'appareiller un jeudi soir pour, peut-être, ne couper la ligne qu'un samedi matin. Mais comme nous ne sommes pas sûrs de la fenêtre météo, pas très bonne, faible, et que je ne veux pas appareiller un vendredi – ça porte la merde et je pense qu'on en a déjà eu assez – nous allons nous poster sur la ligne, et attendre. Attendre d'avoir des conditions favorables.

Que nous passions trois, quatre, cinq, dix ou vingt heures en mer avant de démarrer la course, pour moi, ça n'a pas d'importance. Ça offre même un petit avantage : la possibilité pour chacun de s'habituer au bateau, aux quarts qui devront être rodés pour que, lorsque nous couperons la ligne, chaque membre d'équipage ait bu et mangé et dormi à bord, et pris complètement ses marques. Nous nous trouverons tout de suite en course, et quelles que soient les conditions – je sais qu'elles ne seront pas très bonnes – ça nous permettra d'être plus efficaces.

Les conditions météo sont molles et capricieuses. Nous nous trouvons sur la ligne de départ, à 4 ou 5 milles au nord d'Ouessant, le samedi à 17 heures 37 mn. Nous prenons le départ d'un Tour du monde avec du vent qui oscille entre 7 et 11 nœuds et un bateau qui se traîne, après avoir attendu que le courant s'inverse de façon que nous puissions partir, au moins, avec un petit peu d'air de marée derrière nous. J'ai l'impression de me laisser glisser, glisser vers une aventure dont nous ne contrôlerons ni les calmes, ni la durée, ni les possibles déceptions. Et pourtant dans le fond de nous-mêmes, en chacun d'entre nous à bord, nous savons qu'il faut y aller, que peut-être lorsque le vent sera levé, alors nous pourrons enfin faire du bateau, enfin courir, enfin naviguer et donner à Sport-Elec la place qu'il mérite.

Il nous en a fallu, des silences, il nous en a fallu, de la

patience, il nous en a fallu, du temps, du calme et des nuits entières à attendre que le vent vienne sur nous, il nous en a fallu des mois pour chercher à comprendre pourquoi aucune option météo n'était possible. Et tout ça, maintenant, uniquement parce que nous sommes tous en activité, que le bateau redémarre et que les voiles sont gonflées, même s'il n'y a pas beaucoup d'air, tout cela est presque effacé. Nous sommes dans le bonheur de naviguer, advienne que pourra.

Yves Pouillaude, mon second, est chargé de presque tout ce qui à mes yeux manque de romantisme, en particulier l'informatique, l'électronique, le groupe électrogène, l'eau douce et tout ce qui est indispensable à un tel voyage.

Thomas Coville, embarqué de dernière heure avec Didier Gainette, vérifie chaque jour la structure et l'étanchéité des flotteurs et de la coque centrale.

Celui que j'ai nommé Monsieur Sécurité, Michel Bothuon, qui navigue avec nous depuis près de deux ans maintenant, surveille l'usure de l'accastillage et répare, si besoin est, avec l'aide de Didier.

Hervé Jan, le bosco, contrôle la fatigue éventuelle des drisses et les points de ragage possibles sur la grand-voile. C'est lui qui contrôlera l'ensemble de la voilure, fera les réparations, raidira le gréement et aura surtout en tête, en permanence, cette surveillance.

Marc Le Fur, lui, la plus grande partie de son travail est fait. J'entends son travail de préparation. C'est lui qui a assumé la dure et ingrate tâche de vérifier que toute la nourriture soit embarquée, pesée, étiquetée, le tout dans des sacs étanches de façon que l'on embarque suffisamment de matériel mais que l'on n'en ait pas trop, et que si l'on met soixante-douze jours de mer, ou soixante-dix, on n'arrive pas avec dix jours de vivres en trop et que nous ne nous trouvions pas non plus en manque.

Bref, je sais que le bateau a été préparé, chacun s'est donné à fond, quelles que soient les conditions, chacun a donné le meilleur de son savoir.

Quant à moi, je suis à la barre. Je ne suis pas tendu, je ne suis pas détendu non plus, indifférent presque. Je sais hélas ce qui nous attend, du calme pour partir, du calme pour sortir d'ici, et un temps pas très fringant pour l'équateur, mais ça, on ne peut rien y faire, il y a longtemps que j'ai compris que les choses ne nous étaient pas favorables, et pourtant j'insiste. On peut appeler ça de l'entêtement, moi je sais que ça n'en est pas, je sais qu'il faut continuer, je sais qu'à un moment donné nous aurons du vent et que le bateau et l'équipage pourront prouver ce dont ils sont capables. Pour l'instant, nous mangeons notre pain noir. Une seule chose ne me plaît pas : je trouve que, du pain noir, il y en a beaucoup.

Etrange sensation que ces premiers jours de mer dans cette lenteur annoncée, prévue et pourtant acceptée. J'ai l'impression de convoyer Sport-Elec sur la route du record, sans avoir aucunement la possibilité de le pousser un petit peu, il n'y a pas d'air, et en même temps je me dis que ça risque de venir, une fois passé Lisbonne, une fois passé Gibraltar, une fois passé les Canaries, on va toucher, ce n'est pas possible, nous allons bien réussir à avoir de l'air à un moment donné ! C'est vrai que nous avons déjà perdu 4 nœuds de moyenne le premier jour sur celle du Tour du monde, que nous en avons perdu presque 3 le deuxième jour, que nous allons en perdre 6 pour le troisième, mais tout ça n'est rien, je me console, je calcule, je recalcule encore et je me reconsole, j'hypothèque l'avenir, je me dis que nous allons passer l'équateur non pas en sept jours et demi, mais en huit jours, non pas en huit jours mais en neuf jours, non pas en neuf jours mais en dix jours !

En fait il n'y a rien pour me distraire vraiment, si ce n'est la nuit, le ciel, avec un éclairage incroyable, ça ressemble à une explosion du côté de Cassiopée. C'est vert, rouge, surtout, et blanc et on se croirait dans un film de science-fiction. On envoie un télex à l'équipe du P.C. afin qu'elle se renseigne auprès d'astronomes, sur Internet. En attendant de revoir les splendeurs moins flamboyantes mais plus nobles du grand Sud, ça nous occupe, ce n'est pas mal pour un début. Mais je n'oublie pas ma médiocre position trois jours après le départ, et quand je la communique au P.C., je la ponctue d'un *« No comment »* qui en dit plus long que des imprécations.

Car nous n'avançons guère. J'ai « acheté » à Bob Rice l'option consistant à accepter de mettre trois jours pour arriver à la latitude de Lisbonne (une moyenne pitoyable), parce qu'ensuite je devais toucher une météo me permettant de dévaler l'Atlantique Sud jusqu'à la latitude de Cape Town, c'est-à-dire là où j'ai pris la décision de faire demi-tour il y a déjà deux mois. C'était l'idée de ce nouveau départ : premiers jours moyens, et ensuite filer à la vitesse des alizés ! Au sujet des « premiers jours moyens », Bob ne s'est pas trompé. Pour la suite, j'espère qu'il sera aussi bon routeur pour moi qu'il l'a été pour Blake, anglo-saxon comme lui.

Bob Rice est génial, mais il ne peut faire de miracles et il n'est pas sur le pont. Même si l'ordinateur de bord lui communique toutes les données d'heure en heure (pression atmosphérique, température de l'eau, de l'air, vent réel et vent apparent, vitesse du bateau et angle au vent), le mot microclimat semble ne montrer tout son talent qu'à ceux qui naviguent.

Il est difficile de croire, pendant que le soleil et le sel vous brûlent la peau et les yeux, qu'à quelques dizaines de mètres de vous une pluie bienfaisante tombe dru, crépitant sur la mer. Vous entendez le bruit de ce grain qui vous nargue, vous a hanté peut-être, que probablement vous espérez depuis des jours, mais vous passez à côté. Vous ne rêvez pas, ce n'est pas un cauchemar, ni un mirage : c'est la mer. Et ce qu'elle fait avec les grains, elle le fait aussi bien avec le vent.

Voilà. Nous sommes prévenus, nous savons où nous allons : là où justement on ne sait jamais, avec certitude, ce que sera la minute prochaine. C'est à prendre ou à laisser, et bien sûr j'ai pris, je prends et je prendrai toujours.

Partir, c'est toujours aller vers l'inconnu.

Sait-on jamais ce qu'il y aura en mer ? Et même dessous ? Dix mètres de profondeur, c'est un monde différent. Dix mètres encore, c'est un nouveau palier et une nouvelle niche biologique, et ainsi de suite, jusqu'au fond. Vraiment au fond. Il y a de la vie partout.

Sauf au-dessus de ma tête. On ne peut pas appeler « vivant » le vent qui souffle sur mes voiles plus pour les sécher que pour pousser le bateau.

Le P.C. nous informe que le phénomène que nous venons de voir dans le ciel et qui a suscité étonnements et émerveillements, c'est la comète Hale-Bopp. De nombreux astronomes nous décrivent le phénomène sur notre site Internet.

Or, moi ce qui m'obsède, c'est que j'ai déjà 300 milles de retard par rapport au temps de Blake, et de la comète je retiens surtout qu'elle, au moins, trace un beau sillage. Elle ne fait que passer, et j'aimerais bien en faire autant. Ma moyenne depuis le départ, en trois jours, est de 11,8 nœuds contre presque 17 pour le Néo-Zélandais.

Je sais, c'était prévu, je n'ai rien à dire, donc je ne dis rien.

L'équipage ne me regarde pas, ou alors à la dérobée, et moi je ne vois personne, je ne vois que l'horizon, ses promesses et ses menaces, ses beautés et ses fureurs : lesquelles vont être notre lot ? Les deux, à coup sûr. Toute beauté se paie. Tout bonheur aussi. Pour l'instant, malgré mon inquiétude, et une angoisse sourde que je veux ignorer à tout prix et que je cache, je suis de plus en plus heureux d'être parti.

« De plus en plus »... mais de moins en moins. Au bout de cinq jours, l'écart s'est creusé en faveur d'Enza : 946 milles de retard et il ne semble pas que ça puisse s'arranger dans un futur proche.

Ce qui a l'air de bien fonctionner, en revanche, c'est l'équipage. Il s'est rodé après les trois premiers jours – le temps qu'il faut à un marin pour reprendre ses marques en course. Muet, comme moi, chaque homme fait son travail, concentré à fond. Les manœuvres s'enchaînent vite, et si je crie un peu par-ci par-là, ce n'est que dans le but de prévenir une maladresse ou de souligner une erreur qu'il ne faudra plus commettre quand nous aurons du vent dans les voiles : rien de trop grave, donc, et ça met un peu d'ambiance.

Pourtant, j'aurais de quoi hurler... Jusqu'ici je fais évidemment moins bien que Blake, mais je fais même nettement pire sur ce trajet que lors de ma dernière descente.

La veille, j'ai envoyé ce message à LNO (Louis-Noël Viviès, le copain responsable de l'équipe du P.C. à Brest, installé au premier étage du « Tour du monde », le bistrot sur le port – tous les membres de la bande en possèdent des parts) :

GROSSE DÉCEPTION 1 : ON EST EMPÊTRÉS DANS
DES TEMPS INDIGNES
ET J'AI PEUR DE COUPER LES KWATERS
DANS LE MÊME CHRONO INFÂME
DE LA PREMIÈRE DESCENTE /
DE QUOI SE TAPER LA TÊTE CONTRE LES MURS
(heureusement il n'y en a pas,
et pas question d'abîmer le mât)
ENFIN TOUTE L'HORREUR N'EST PAS ENCORE CONSOMMÉE /
VIVE LES BATEAUX À MOTEUR /
GROSSE DÉCEPTION 2 : J'ESPÉRAIS QUE
MES TÉLEX T'AURAIENT RÉVEILLÉ
CHEZ TOI LA NUIT, Y A PAS DE REZONKONSOIT
LES SEULS À MORFLER /
SALUT / VIVE LA RÉPUBLIQUE / VIVE LA FRANCE /
VIVE LES BATEAUX
À MOTEUR... ET VIVE TOI ! //

Aujourd'hui, après avoir doublé la latitude de l'île de Madère, ce ne sont pas encore les alizés à proprement parler, mais il y a du vent. Nous avançons pas mal, je respire un peu mieux, et mon soulagement se répercute sur l'équipage. Aussitôt certains d'entre eux, affectueusement protégés par Yves, s'intéressent de nouveau aux nombreux télex reçus disséquant le *curriculum vitae* de la comète de façon si précise qu'ils lui ôtent toute poésie, et s'inquiètent même de ce qui se passe à terre. Ça me laisse pantois. Je suppose que ça leur passera.

Je suis pour ma part content parce que c'est la première journée à plus de 18 nœuds de moyenne. C'était déjà notre moyenne *quotidienne* avec Enza entre Brest et l'équateur. Nous sommes loin du compte, mais c'est toujours bon à prendre.

Le vent amène d'Afrique de la poussière rouge – qui peut parfois aller jusqu'au Brésil mais qui, pour le moment, va se nicher dans tous les roulements de l'accastillage, véritable papier de verre sans papier.

Quelques oiseaux perdus essaient de se reposer sur le pont, trop inquiets pour reprendre souffle tranquillement, trop épuisés pour s'envoler tout de suite. Hier soir, c'était le cas pour trois hirondelles ; elles sont restées un peu, puis elles sont reparties dans la nuit. Ça donne envie d'avoir des ailes.

C'était trop beau. De nouveau, les calmes.

Peut-être est-ce parce que nous nous rapprochons tant bien que mal des îles Canaries, paradis du Troisième Age, que le vent lui aussi prend un petit coup de vieux. Il a bien molli, la moyennc aussi, évidemment. J'espère qu'un pédalo ne va pas nous dépasser sans le faire exprès, entraîné un peu trop loin de la plage...

Il vaut mieux en rire, car la seule dépression à 1 000 milles à la ronde est dans mon crâne. Pour enfoncer le clou, Bob me prévient de ne pas attendre les alizés dans les prochaines vingt-quatre heures.

L'équipage, muet, guette mes réactions, cherche à interpréter mon regard, mes mimiques. Bien que dans cette descente certains travaillent un peu trop machinalement, sans espoir de toucher du vent et de continuer, tous redoutent que je prenne cette décision. Ils ne veulent pas d'un retour vers Brest. Et moi donc !

Certains de ceux qui étaient déjà avec moi lors de ma dernière descente n'ont pas vraiment approuvé ma décision de revenir couper la ligne, et tous ont été déçus. Bothuon voulait absolument connaître enfin le Sud ; Hervé Jan, s'il avait été « décisionnaire », pour reprendre sa terminologie, aurait continué. Ils avaient tous leurs raisons, mais j'avais les miennes.

Je connais le bateau, je sais qu'il peut encaisser encore un Tour entier et, sans entrer dans les détails d'une réflexion qui m'est personnelle, disons que si je ne « sens » plus quelque chose, j'arrête. Nous sommes loin, là, de ma réputation d'obstiné buté. On peut être spontané dans la vie, et calculateur quand une équipe, un matériel et un métier sont en jeu.

Je comprends les gars, ils étaient écœurés d'être allés si loin pour rien mais je pense avoir pris la bonne décision. L'avenir le dira.

De toute façon, comme je n'ai pas le temps en ce moment de faire de la psychologie rétrospective (inutile par définition), j'essaie de ne pas trop en perdre. Un bateau n'est jamais assez prêt, ni un équipage assez au point. Il est toujours et tout le temps possible de faire mieux.

Je profite donc de cette maudite semaine pour mettre un peu de pression sur les nouveaux, pas trop, juste pour les tester. Il faudra qu'ils soient prêts quand nous aurons le vent. Nous allons bien finir par l'avoir, tout de même !

En attendant, j'affine les quarts : trois fois deux hommes, quatre heures dehors, huit heures dedans s'il n'y a pas à manœuvrer, composés comme suit depuis le départ : *a)* Yves Pouillaude/Thomas Coville (alias Fumier 1 ou Thomas-le-Fumia selon l'humeur d'Yves) ; *b)* Michel Bothuon/Didier Gainette ; *c)* Marc Le Fur et l'infatigable Hervé Jan.

Nous nous traînons, c'est à pleurer, et le retard sur notre tableau de marche pour battre le record de Blake lors de notre premier départ s'accentue de minute en minute : 1 088 milles. Je fais moins bien que la dernière fois, déjà catastrophique.

Cependant il y a cette fois-ci une nuance importante : sur le plan maritime, selon les prévisions de Bob, je n'ai pas les mêmes raisons de rebrousser chemin que lorsque je l'ai décidé – et c'était une décision difficile à prendre – il y a un peu moins de deux mois, alors que nous avions quatre jours de retard par 34° Sud et 18° Ouest, la latitude de l'Afrique du Sud (oui, nous sommes descendus jusque-là, avec le retour, 40 jours de mer pour rien !...) et que j'avais dit, sachant que j'allais être sévèrement critiqué : « Quatre jours de retard, je ne prends pas, je remonte. De toute façon ce temps-là est tellement nul que je ne vais pas pouvoir faire pire. »

J'avais alors envoyé ce télex à l'antenne parisienne du P.C. :

MES CHERS ET PAUVRES AMIS NOUS VOILÀ BIEN
DANS L'EMBARRAS
BLOQUÉS DANS DES CALMES COMME SEULE LA NATURE,
AIDÉE EN CELA PAR LA PUISSANCE DIVINE, PEUT EN FAIRE /
CE DRAME DÉJÀ DUR À VIVRE
POUR LE VIEUX COUREUR D'OCÉANS QUE JE SUIS SERAIT ENCORE SUPPORTABLE
S'IL N'ÉTAIT ACCOMPAGNÉ DE FAÇON MALIGNE
DE CETTE PERNICIEUSE ET HONTEUSE JOUISSANCE
QUE SAVENT PROCURER LES CALMES DE LA MER /
CHERCHEZ DANS VOS MÉMOIRES TOUS LES BLEUS DES VACANCES,
TOUS LES SOLEILS DE JUIN,
TOUTES LES CARESSES TIÈDES DES BRISES DE LA NUIT, EH BIEN MES AMIS ILS ET ELLES SONT TOUS ET TOUTES LÀ /
CELA BIEN SÛR NE PEUT PAS SE DÉCRIRE,
MAIS ICI L'AUBE FAIT BATTRE LE CŒUR,
LE MIDI ÉTONNE ENCORE,
LE ROUGE DU COUCHANT PEUT FAIRE PLEURER /
ET LA NUIT, LA NUIT NAPPÉE DE LUNE,
FOLLE D'ÉTOILES, SI CLAIRE PARFOIS QUE CE N'EST PLUS LA NUIT,
ET DES POISSONS AUX YEUX D'OR MURMURENT SUR L'EAU CALME
QUE C'EST LE JOUR QUI EST REVENU
MAIS EN TENUE DE SOIRÉE /
C'EST À CAUSE DE CELA QUE LE VENT APPROCHE MON NAVIRE
EN MARCHANT SUR LA POINTE DES AILES STUPÉFAIT DE TANT DE BEAUTÉ /...
ET C'EST POUR ÇA QU'ON N'AVANCE PAS, PEUCHÈRE /
VOTRE DÉVOUÉ
OLIVIER 27-JAN-1997 //

J'ai beau chercher, je ne sens pas de tristesse dans ce télex.

Déjà, lors de la descente en janvier, j'envoyais des télex pas flippés pour deux sous, comme celui-ci :

JOSEPH BOIRA DU CAFÉ DEUX FOIS.
LA JUMENT VERTE TOMBERA DU CIELLE.
LES BLÉS SONT MÛRS CHEZ LYOPHAL.
LA RATATOUILLE EST ROSE.
ELLE EST PSYCHOTROPIQUE ET HALLUCINATATOIRE.
IL FAIT CHAUD ET BAUD SUR LE 28ÈME NORD.
RÉGIS : DANS LA PRÉPARATION DE LA MISE À SEC,
NE PAS OUBLIER SI CE N'EST DÉJÀ FAIT,
D'ENVOYER QUATRE POSTERS AUX TROIS GRUTIERS DE LA CHAMBRE DE COMMERCE,
AIMÉ, RENÉ ET JOËL /
CHÈRE PÉPITA, ENVOIE-NOUS ENCORE DES BELLES LETTRES.
OLIVIER, YVES ET LES AUTRES //

Pourquoi ce ton ? Pourquoi cette absence totale d'angoisse ? Parce que je savais que nous allions repartir. Et nous sommes repartis !... Nous avons déjà trois jours de retard par rapport à la dernière fois, mais pour que je retourne à Brest une nouvelle fois, il faudrait vraiment que ce temps dégueulasse s'éternise.

Et c'est ce qui se produit.

Je passe mes journées à fumer cigarette sur cigarette, collé devant l'écran de l'ordinateur de la table à cartes, à dialoguer avec Bob Rice, à chercher avec lui un trou de souris qui nous permettrait de nous extirper de cette glu.

Ou bien je monte sur le pont du bateau pour scruter le ciel et là, j'ai l'air débile d'un augure fouillant les entrailles des nuages pour prédire l'avenir, mais en réalité je gamberge plus que je n'observe. Je deviens dingue de rage. Il faut que je me ressaisisse. Je dois décider, et vite. Demi-tour ? Continuer ?

Bob me confirme bientôt qu'il n'y a rien d'appétissant, devant, à part le Pot-au-noir. Le menu ne me dit rien.

Je ne sais pas si j'ai envie de rire ou de hurler – les deux probablement et peut-être même en même temps – quand j'écris sur le journal de bord que nous rencontrons des « conditions instables ». C'est une litote. Un moment nous avançons d'à peine plus d'un nœud, et à un autre nous nous décollons plus franchement de cette mélasse, avec des envolées dont les meilleures frôlent les 18 nœuds.

C'est dans l'un de ces moments que Le Fur, à la barre, esquive de justesse une escadrille de poissons volants. Il est ébahi, il s'est cru un court instant dans un petit avion croisant la Patrouille de France.

Mais ça ne dure jamais très longtemps, le bateau s'amollit, la voilure se détend, comme un coureur de cent mètres entendant le rappel du faux départ. Le grand trimaran court un peu sur son erre, puis s'arrête presque, ou consent à tressauter petitement autour de 4-5 nœuds maximum.

Pas de quoi décoiffer les chevelus du bord. Tout ça nous fait une moyenne si misérable que tiens ! je ne veux même pas la transcrire moi-même sur le papier !

Je suis dégoûté.

Avec deux doigts, je mitraille un télex au P.C. de Paris qui me demande du « matos » pour étoffer son dossier de presse :

ATTENTION LA PÉPITE /
LE BUREAU DE RÉCLAMATIONS EST FERMÉ /
TU AURAS TA VACATION DE 19H00 /
PEUT-ÊTRE ! ET SI ÇA PASSE /
CHAQUE FOIS QUE L'ON FAIT ROUTE AU SUD,
C'EST PAREIL, LE GRÉEMENT MASQUE LES SATELLITES /
ROGER TERMINE COCA TANGO
ETC ETC AD LIBITUM BYE-BYE //

Quelques minutes plus tard, jugeant celui-là un peu sec, j'en envoie un autre :

ATT : MADEMOIZ'AILES PÉPITA :
AYEZ LA COURTOISIE DE FAIRE SUIVRE LES MESSAGES À LNO
DE PRÉFÉRENCE AUX HEURES OÙ IL DOIT EN PRINCIPE DORMIR À POINGS FERMÉS ET BOUCHE OUVERTE /
TOUTE NOUVELLE MORALE, PIEUSE, ÉDIFIANTE OU MÊME DIVERTISSANTE
SERA LA BIENVENUE DANS CE MOMENT SINISTRE QUE NOUS TRAVERSONS /
COMME VOUS VOYEZ, MISS,

C'EST NOUS QUI EN DEMANDONS, DU « MATOS » / BISOUS OSÉS / DE LOIN ON NE RISQUE RIEN / OLIVIER //

Le calme dure. J'ai peur de devoir finalement revenir à Brest, et surtout de rester à quai. Nous y avons été trop longtemps piégés. Nous n'arrivions pas à quitter ce monde sans grâce. Impossible de passer ! Pas de fenêtre pour partir (même dans des conditions moyennes, tant pis, j'aurais pris si c'était compatible avec une possible victoire). Ce temps démoniaque nous narguait ! Dans ce métier, cette passion devrais-je dire, on rêve. On a toujours un bateau en tête, et on cherche sans cesse un peu d'argent pour ne pas rester à la rue de nos rêves.

Ce n'est pas forcément dans cet ordre, mais ce sont toujours ces trois éléments : rêve, bateau, argent. Et là nous avons tout. Nous avons le rêve faisable, le bateau, et l'argent pour courir. Et maintenant il nous manque le vent, la seule chose, avec le temps, qu'on ne peut acheter. Il se dérobe comme lorsque nous étions à quai... Il n'a pas manqué une journée ou deux, le vent, il a manqué des mois et des mois. Pendant trois ans, il n'y a pas eu une possibilité de départ potable de France pour rejoindre l'équateur.

Et chaque fois que nous y allions quand même, pour forcer le destin, c'était de pire en pire, parce que, c'est simple, le bateau doit mettre moins de huit jours pour aller à l'équateur avec des conditions de vent acceptables – disons du 18-20 nœuds est/nord-est accroché à la sortie de sa base jusqu'à l'équateur –, il doit pouvoir faire plus de 18 nœuds de moyenne.

Mais non ! Nous restions à quai comme des cons, et à part les sorties en mer pour tout mettre au point, impossible de partir à cause de l'absence de vent. Nous avions tout, mais sans vent c'était comme si nous n'avions rien. Le bateau, il y avait un an qu'il était au bout du quai, je n'osais même plus aller le voir, ça me rendait malade...

Voilà pourquoi, aujourd'hui, j'en ai gros sur le cœur, j'ai de la peine. Je me répète, furieux : « C'est pas vrai ! On a réussi à réunir tout ce qu'il faut pour partir – le truc quasi impossible à trouver aujourd'hui – et on n'a pas de vent ! » Je me tape la tête. Je ressens un vrai désespoir – et encore ! je ne tiens pas compte des commentaires. Sur ce dernier point, j'encaisse sans problème, j'ai été « élevé » par Tabarly. Nous, pendant quatre ans, nous n'avons rien gagné. La presse se déchaînait : « Arrêtez ! Que fait la police ? C'est honteux, la Marine devrait récupérer le bateau, les envoyer garder un dépôt de munitions, au moins ils seraient utiles ! » Un peu de pudeur, s.v.p. Il est inégalé, inégalable, Eric, même aujourd'hui. C'est le marin du siècle.

Il laissait cracher le fiel et me disait simplement : « On a fait du bateau bien. » C'était vrai, nous faisions « du bateau bien », et le reste était secondaire, les commentaires insignifiants. Sa manière de naviguer, de vivre, je l'ai intégrée. Donc, sans me forcer, je fais naturellement abstraction de toutes les critiques écrites par des gens dont la compétence n'est pas la qualité première.

Je préfère la bêtise de cette jeune femme (non brestoise), par ailleurs jolie de sa personne et bien intentionnée, qui, me voyant tourner en rond comme un ours, frustré, malade de ne pas pouvoir partir, m'a demandé pourquoi je ne faisais pas « un truc comme d'Aboville »... C'est pas cher à organiser, et pas besoin de vent puisqu'une barque n'a pas de voiles... Ça ne me disait rien, une traversée d'océan à la rame ?

– Canoter ? J'y ai pensé, mais on tourne le dos à l'avant, quand on rame, et j'ai mal au cœur quand je ne suis pas dans le sens de la marche.

– Je comprends... Une sorte de mal de mer, quoi ?...

Je reçois ce message glané sur notre site Internet (qui reçoit des centaines de messages, me dit-on – qu'est-ce que ce sera, si nous franchissons la ligne en vainqueurs !) :

> *objet : Conseils*
> *bonjour ! J'ai 10 ans et je voudrais vous demander des conseils pour ma première régate en « optimist » de samedi à Leucate. Merci d'avance*

S'il était devant moi, voici le conseil que je lui donnerais : « Joue aux échecs ou au tennis, mais laisse tomber le bateau ! »

Mais non, bonhomme, ne m'écoute pas. Prépare bien ton bateau, prends du plaisir et, pour le reste, suis ton instinct et ton bon sens. Si tu es fait pour la mer, elle te le fera comprendre. Bon courage.

Parce qu'il en faut quand même un peu.

L'ÉQUATEUR

Avec un peu de chance, nous franchirons peut-être la ligne de l'équateur cette nuit, mardi 18 mars.

Comment je trouve encore la force de signer le télex pour l'anniversaire de Pépita, au P.C. parisien (c'est elle, la pépite), je ne sais pas. Il y a des moments où, quand elle est débordée, Pépita elle-même souffle plus fort que le vent que nous avons en ce moment. Je ne franchirai pas encore l'équateur cette nuit. Que peut-on faire, à part subir ? Rien. On n'a jamais vu quelqu'un porter plainte contre la marée haute ou le manque de vent. Il devrait y avoir un aumônier en mer, sur une petite arche basée dans le coin, au moins nous pourrions brûler un cierge, on aurait l'impression de faire quelque chose.

Happy birthday quand même, la Pépite. Je te le dis en anglais, au cas où le vent ne comprendrait plus que cette langue, celle de Blake, au beau nom de pirate. En attendant d'être fixé sur ce point, on envoie, on réduit, on renvoie, on affale de la toile.

Et nous ne coupons toujours pas la ligne de l'équateur ! (Je m'étonne de pouvoir l'écrire lisiblement tant je suis exaspéré.)

Cette fois, marre : demi-tour.

Non ! Pas question ! Je ne me ravise pas pour flatter mon image dans les médias (je me fous bien de ce qu'on pense, rien ni personne ne peut m'obliger à faire ce que je fais, ni un sponsor ni l'opinion de gens qui ne comptent pas pour moi). Je change d'avis parce que là, franchement, nous ramassons tellement de saletés que ça en devient injuste, je ne suis plus d'accord. Et je dis à l'équipage qui attend ma décision sans oser respirer : « On en prend plein la gueule ? Eh bien c'est pas sur ce plan-là, sur le fait d'en prendre plein ou pas qu'on va nous avoir, nous ! On y va. On continue. »

Et à peine ai-je dit « on continue », que nous commençons à nous désengluer. Le bateau m'aurait-il entendu ? Tout est possible, en mer... Mon équipage, comme un seul homme, pousse un « ouf » de soulagement qui me rend heureux, vraiment heureux – il y a quand même des mecs bien sur terre, même si j'ai la mauvaise foi (revendiquée) de penser qu'on les trouve surtout en mer.

Hervé Jan était moins anxieux que les autres. Pour lui, c'est certain, ce qui primera, c'est la « loi de Murphy ».

Je ne sais pas si elle existe ou s'il l'a inventée, mais selon lui c'est la loi dite de « l'emmerdement maximum ». En gros, dès qu'un ennui est possible, il arrivera. C'est l'histoire de la tartine de beurre qui tombe du côté où il y a le beurre, pas de l'autre. Globalement, sur un truc aussi long qu'un Tour du monde, il y a forcément du bon et du mauvais. Jusque-là, c'est du mauvais. Si on en épuise la majeure partie d'un coup dans la première partie, la probabilité est qu'il ne va rester que du bon dans la partie restante. Là, c'est moins sûr, mais comme ce n'est pas une science exacte, je la crois ou je suis sceptique comme et quand ça m'arrange.

Lui, mathématiquement, il pense qu'avec 4 jours de retard à l'équateur, ce n'est pas perdu. Il nous en reste 70 pour faire le Tour. C'est comme ça qu'il raisonne, et ce n'est pas plus idiot que du simple pessimisme (ou de l'optimisme) bête et permanent.

Tout le monde fait son boulot. On se remue sur le pont. Les voiles se prennent au jeu, elles se gonflent comme mes poumons. En tout cas c'est l'impression que je garde de ce moment magique.

Ce record, il n'est pas gagné, d'accord, mais nous allons voir s'il est perdu. Si nous n'y allons pas, nous ne le saurons pas. Et si nous y allons, ça signifie qu'au fond nous y croyons encore – un vrai petit coup de rhum mental qui grise le cerveau, rien à voir avec le vin qu'on donne au soldat afin qu'il monte se faire tuer au front.

Non, nous ne partons pas battus.

Sens de la mer ou chance, obstination ou culot, inconscience ou persévérance, chacun appellera ça comme il veut l'appeler, et il aura peut-être raison. Moi je sais seulement que nous démarrons un truc pas commun et, en dépit de l'importance de l'enjeu, ça me fait marrer, d'aller dans le Sud. Un Sud redevenu vierge parce que de nos jours personne n'y va à cette époque de l'année s'il peut faire autrement. Ça me fait *plaisir*, voilà le mot juste.

Nous serons les premiers depuis longtemps ; un peu comme avec la poudreuse en montagne, quand les alpinistes font une hivernale de tels sommets... en été. Parce que ce n'est pas pareil de le faire en été avec une neige pas stabilisée.

Nous, c'est la même chose. Ça me plaît d'aller remettre le doigt dans le trou du cul du diable en me disant : « On va dans le Sud à cette époque de l'année, ça va être intéressant, ça va secouer, mais on ne descendra pas pour rien, de toute façon, ça vaut le coup d'aller voir. »

Je pense encore aux anciens. S'ils étaient capables de passer le cap Horn à cette période de l'année, pourquoi pas moi ? Ils étaient obligés de le faire ? Mais moi aussi ! Eux, ils allaient en mer pour gagner leur vie, et moi j'ai le sentiment de la perdre quand je n'y suis pas.

C'est la situation au moment où je décide de continuer : puisque je pense que c'est faisable malgré la saison tardive, je le fais. Le reste, les commentaires, « ce n'est plus la mer, c'est de l'écume », ça ne me regarde pas, ça ne me touche pas.

Aujourd'hui jeudi 20 mars, deux informations importantes :

– Un : nous avons enfin franchi l'équateur hier soir à 18 h 23 G.M.T. (Enfin ! C'était à désespérer !)

– Deux : la langue anglaise a été entendue par le Ciel. Tant pis pour la francophonie ! Le bateau a enfin du vent.

A la tête que fait Didier Gainette, à la barre, je vois qu'il commence enfin à ressentir des émotions dignes de ce nom, pendant que le reste de l'équipage déploie gaiement des centaines de mètres carrés de toiles.

Il y a de l'allégresse dans l'air.

A la table à cartes, en bas, je dialogue sans arrêt avec Bob. Ce type-là est dingue ! Il a l'air encore plus content que moi que nous touchions enfin les alizés ! C'est un bonheur de travailler avec un homme pareil, qui donne, donne – il ne doit pas dormir beaucoup plus que moi depuis le départ de Brest, même moins, à mon avis. C'est mon plus bel équipier. Il est fantastique. Je ne me féliciterai jamais assez de lui avoir demandé d'être mon routeur.

Je me souviens que lors de nos trois rencontres, de six heures chacune, chez lui, aux Etats-Unis, dans le Maine, je me suis comporté comme un étudiant le jour d'un examen difficile (car Bob Rice, en principe, était « booké »).

Son anglais technique de météorologiste me donnait des migraines et me forçait à sortir de temps en temps fumer une cigarette. Pour souffler un peu, reposer mon cerveau saturé d'informations et vidé d'arguments, et surtout tempérer mes espoirs au cas où il déciderait que, tout compte fait, il ne pouvait pas me router – ce que je redoutais car Bob est très sollicité. Mais, finalement, il a senti mon enthousiasme, il a compris que je le voulais vraiment, lui, et il a deviné que c'était la première fois que je demandais à quelqu'un de faire équipe avec moi avant qu'on ne me le propose.

Après avoir travaillé avec presque tous les bons routeurs français, je voulais absolument essayer un record avec lui. Son approche est tellement différente, ouverte, précise, que notre culture maritime ne pouvait qu'y gagner, à défaut de record...

En un mot, aujourd'hui, je suis heureux. Fier d'avoir Bob comme routeur, et heureux d'avoir du vent. On ne descend jamais plus en dessous des 14-15 nœuds.

Nous grignotons mille après mille notre retard sur Peter Blake, notre adversaire virtuel dont le fantôme caracole cependant en tête 1 500 milles devant nous, soit trois jours et demi à notre vitesse présente. Si je comble ce retard, ça sera entre l'équateur et le retour à notre position actuelle (mais dans l'autre sens), je ne suis sûr de pouvoir compter sur du vent que dans cette zone-là. Entre Brest et l'équateur, rien n'est acquis, l'anticyclone est chez lui, il a une résidence secondaire aux Açores, en un mot je risque de retrouver au retour le même temps que celui que je viens d'avoir, soit la géante pétole (la calmasse), pas un souffle de vent pendant des heures, des jours.

C'est le risque de partir si tard : un Atlantique-retour qui sent trop les vacances. Je n'ai rien contre les vacances, j'en ai pris quelques années d'un coup en Polynésie – quatre ou cinq années sabbatiques, ça fait du bien dans la vie d'un homme – mais pour cette tentative, non, merci, je veux du vent et encore du vent.

Pour l'instant, puisque j'en ai, du vent, ainsi qu'une route plus directe, j'avale les milles sans prévoir à trop long terme.

Ça, c'est mon discours officiel, l'état d'esprit dans lequel je veux rester, mais bien vite, le vent ayant l'air de se maintenir, je ne peux m'empêcher d'envoyer des télex au P.C. afin qu'il se renseigne... sur les observations de glace pour la zone sud du Cap (de Bonne-Espérance).

Traduit en langage de terrien, ça signifie que j'affiche ouvertement mes ambitions, que je crois encore possible de refaire mon retard et de rattraper Blake. Impensable il y a 48 ou 72 heures : nous ne comptons plus que 680 milles de retard sur Enza grâce à ces derniers jours de course folle et exaltante. Ça fait du bien, c'est bon de filer...

Le bonheur pur ! Les hommes ont tous autour de moi des visages concentrés mais leurs regards jubilent. Le doute avait réussi à s'installer, mais à présent c'est comme s'il abdiquait sous mes yeux.

Happy birthday, le Vent ! Tu es un sacré vieil emmerdeur !

Mais je suis prudent, je le lui crie en français.

23 MARS (heure locale à Brest trois heures du matin)
ATT LNO /
BONJOUR / BON DIMANCHE / ALLÉLUIA ALLÉLUIA
VOICI VENU LE JOUR DU SEIGNEUR /
DING DENG DONG / SONNENT LES
MAATIIINES DING DENG DONG...
COUCOU FRÈRE LOUIS NATIVITÉ
DE NOTRE SEIGNEUR IL Y A DE L'AIR, TU DOIS LE SENTIR
D'OÙ TU ES, IL EST FRAIS ET BON À MA PEAU /
C'EST TOUT / TU PEUX TE RENDORMIR / FRATERNELLEMENT,
DU MONASTÈRE ITINÉRANT SAINT TROIS-COQUES /
FRÈRE OLIVIER //

Un bateau qui commence à glisser bien, c'est bon à voir, après ces jours où nous rampions, lamentables. Ça régénère.

Nous avançons, à présent, mais pas encore assez vite à mon goût. Cette descente vers Cape Town est un vrai calvaire, malgré qu'un bon vent nous ait fait rattraper pas mal de notre retard, mine de rien. Mais nous n'en parlons pas parce que, d'abord, c'est encore trop peu, et ensuite ça pourrait nous porter la poisse.

Je ne peux pas oublier que nous avons compté jusqu'à 1 400 milles de retard sur Blake. Mais je ne peux pas nier non plus qu'ils sont en train de fondre, et pour qu'ils s'effacent complètement, nous fonçons sur Enza comme des fous, comme si nous voulions voir son sillage. Et en plus Bob nous a trouvé un raccourci qui nous permet de faire l'intérieur du virage à fond sur les vibreurs.

Pas loin de Cape Town – là où j'ai arrêté les frais la dernière fois, mauvais souvenir mais bonne décision – nous avons gagné déjà 200 milles par rapport à notre précédente descente malgré notre départ calamiteux, et l'écart avec Blake n'est plus que de 580 milles.

Ça va se jouer maintenant, en allant à l'est, après le cap de Bonne-Espérance. La dernière fois, les prévisions étaient déplorables. Cette fois Bob Rice prévoit non seulement des vents favorables, mais il nous trace une route beaucoup plus directe que celle prise par Enza en 94, elle nous fait gagner 350 milles. Nous arrivons si vite vers le Sud que le 26 mars j'envoie ce télex au P.C. de Brest :

JE CROISE LES DOIGTS / POUR NOUS ÇA VA PAS MAL /
QUELQUES PROBLÈMES DE DRISSE DE GENNAKER /
ON VA ENVOYER LE BOSCO HERVÉ JAN
DANS LA MATURE TOUT À L'HEURE SI LE TEMPS LE PERMET /
NOUS FAISONS UNE ROUTE UN PEU ABATTUE POUR GAGNER
SUD / J'AI PEUR D'UNE DESCENTE DE L'ANTICYCLONE /
ET POUR ÉVITER DE PASSER
AU MILIEU DE L'ARCHIPEL DE TRISTAN DA CUNHA /
BON COURAGE ET ENCORE BRAVO //

Et celui-ci au P.C. de Paris, que Yves se charge de transmettre pour moi, étant donné qu'à part mes échanges avec Bob Rice, je n'ai pas trop de goût pour le clavier :

ATT : LA PÉPITE ENJÔLEUSE / POURQUOI CE BAZAR D'ENVOI
AUTOMATIQUE SE DÉRÈGLE-T-IL ? RÉPONSE DANS QQ JOURS,
DÉJÀ KI FAUT TOUS LES JOURS LE REMETTRE À L'HEURE
À CAUSE DE L'AUTRE QUE SA PENDULE SE DÉCALE D'UNE
SECONDE AU MOINS
TOUTES LES DIX MINUTES /
L'AVENTURE EST DERRIÈRE LE MÉTRONOME /
ET CE CHRONOMÈTRE QUI NE S'ARRÊTE PAS...
BISES À TOU(TE)S //

LE SUD SANS INNOCENCE

Après 18 jours de mer, nous franchissons le 40e degré de latitude Sud, la porte du plus grand désert du monde. On ne voit plus sur le pont de sourire faraud, mais il n'y en a jamais eu beaucoup.

En quelques heures tout a changé : brumasse, albatros, damiers du cap, tout est au rendez-vous. Ce n'est pas le fait de crever un méridien ou un parallèle qui fait dire « voilà, on est dans le Sud ». C'est quand on voit que les oiseaux, la couleur de l'eau, la densité et la fraîcheur de l'air ne sont plus les mêmes ; là, oui, on y est.

L'éclairage du coucher du soleil ressemble un petit peu à un salut de l'Atlantique, qui semble nous dire : « Ça y est, messieurs, vous quittez l'Atlantique Sud, vous allez rentrer dans le grand Sud, dans l'océan Indien. »

Je lis sur le visage des jeunes (tous ceux qui n'ont pas fait le Sud en multicoque sont des jeunes marins, peu importe leur âge) qu'ils se rendent compte que l'appellation « cap » n'est pas neutre. On tourne une page, on passe un cap.

Le Sud, certains à bord sont contents de le voir, mais ils se disent aussi, dès les 45es : « Pourvu qu'on en sorte ! » C'est tellement hostile et tellement froid. « Pourvu qu'on en sorte *vite* ! » Non pas qu'il effraie, mais il impressionne. Cela dit, nous avons tous hâte de faire le parcours le plus rapidement possible, alors, à quoi bon démêler les raisons de cette hâte –

je ne suis pas trop pour l'exégèse. Le Sud, c'est beau par moments, mais c'est souvent triste. La couleur dominante, c'est le gris. Gris clair, gris tout court, gris foncé. A en oublier le point vaguement rouge à l'horizon qui ressemble au soleil, pour ne percevoir que cette image de gris, ce froid, cette humidité. Comme ici, la sanction c'est d'aller au fond à la moindre erreur, ça fait un peu antichambre de la mort. Nous entendons presque le vent nous souffler : « *GET OUT!* Vous n'avez rien à faire ici ! »

Encore une fois, ce n'est pas de la peur. En ce qui me concerne encore moins, puisque j'ai pour ce métier un tel amour que je suis prêt à mourir pour lui. Je le dis avec des mots simples parce que je le pense aussi simplement. Il y a ceux qui sont prêts à mourir pour la mer, et d'autres qui en vivent. C'est comme ça, je ne juge pas. J'appartiens à cette génération de marins qui ont payé pour faire du bateau, au lieu d'être payés pour en faire. Et puis, si tout le monde était excessif – passionné serait plus exact – la vie serait monotone.

Ce discours peut susciter des sourires dubitatifs, pourtant, que je sache, on peut très bien mourir à terre. Même d'ennui. Le risque de mourir n'est pas grave, il l'est en tout cas moins que de mal vivre, du moins pour moi. Je ne demande pas qu'on partage mon point de vue, qui est de vivre « différent ». Pourquoi est-on stressé, dans ce Tour du monde ? Ce n'est pas le risque de mourir, c'est la hantise de casser le bateau.

C'est une réalité, qu'on ne peut nier avec un haussement d'épaules. Pour moi, ne pas faire ce que j'ai envie de faire, n'est pas une vie. Ça me tuerait insidieusement, peu à peu, sans peut-être que je me rende compte de la gravité du mal. On croit se ranger, mais hop ! le mal est fait, et un jour on tombe. C'est donc du bon sens seulement, et pas un faux panache, une fanfaronnade, quand je dis que je suis plus en danger à terre qu'en mer.

Il me semble même que je suis plus prudent en suivant mes penchants, mes goûts, ma passion, qu'en me résignant au seul possible, en me « raisonnant ». Il faut toujours demander la lune. Au moins on est sûr de la voir.

De toute façon, nous agissons plutôt que de philosopher, ce n'est pas ici, sur mon bateau, que nous perdrons du temps en commentaires – c'est un Tour du monde qui n'est pas et ne sera pas bavard. Notre problème immédiat est d'essayer de nous dépêtrer d'un anticyclone qui descend plus vite que nous. C'est dire. Car nous allons à bonne allure, juste un poil moins vite que nous le pourrions : un nœud de plus ou de moins peut faire la différence entre un bateau entier et une épave.

Grosse frayeur : je suis en train de m'en remettre, doucement.

Alors que je suis à la barre, à la tombée de la nuit, Yves Pouillaude me fait signe d'aller à gauche et, à ce moment-là, à 30 mètres pile droit devant, je vois une énorme tonne de 6 mètres de long et 3 mètres de large, en dérive et bien sûr non éclairée. Nous l'évitons avec juste assez de marge pour ne pas abîmer la peinture du flotteur.

C'est quelque chose qui a sa place à l'entrée d'un port, pas en pleine mer. Heureusement pour nous, elle n'était pas à fleur d'eau, mais pourquoi ne signale-t-on pas des pièges mortels de ce genre ? C'est de l'inconscience !

Mine de rien, le Tour a failli s'arrêter là.

De nuit, avec un barreur un peu engourdi, avec 5° de plus ou de moins, et à la vitesse à laquelle on avançait... on faisait tous notre trou dans l'eau de la course. Je me demande combien de marins sont morts en quelques minutes, sans avoir même eu le temps de déclencher leur balise Argos de détresse. J'ai déjà croisé, et parfois touché, des troncs d'arbre, des conteneurs perdus par des cargos, et des épaves qui flottaient... Qu'une baleine nous coule, passe encore, après tout elle est chez elle, mais toutes ces saloperies non signalées, c'est criminel...

Je suis un peu refroidi. Ça ne va pas durer, mais de rencontrer un truc comme ça en plein désert océanique signifie tout simplement qu'on n'est plus sûr de rien et qu'il faut redoubler de vigilance : si même dans ces eaux-là on peut se fracasser contre des obstacles de ce genre, où allons-nous, comme on dit dans ces cas-là ? La réponse, c'est ni à droite ni à gauche, mais en bas, et jusqu'au fond. Cette fois, on y a échappé, mais c'était moins une.

J'ai besoin d'un peu de temps pour dissiper ma colère et ma peur. Seule la peur disparaît. Pas la colère. J'ai trop d'amis qui sont morts en mer dans des conditions inconnues. Je viens d'en croiser une.

> ATT : LNO
> TUPEUFERCEKETIVEU AVEC KITUVEU / MOIJÉPALETAN /
> ÇA SENT LE DANGER / OLIVIER... DONC PLÉONASME, JE SAIS //

Nous avons passé la minuscule île Cough au radar cette nuit. Il paraît qu'il y a une cabane avec un dépôt de vivres, dessus. Donc destinée aux naufragés. Aucune envie d'aller vérifier.

> 30 MAR 08 :46
> BONJOUR : NOTEZ POS 8 H 30 47 15 SUD 18 50 EST /
> JE PENSE QUE, AVANT MIDI, ON AURA COUPÉ
> LA LIGNE DE CAPE TOWN
> EN 21 JOURS 20 HEURES DEPUIS BREST / MAIS SURTOUT EN
> MOINS DE 11 JOURS DEPUIS L'ÉQUATEUR /
> CE QUI JE PENSE EST LE RECORD ABSOLU SUR CE PARCOURS /
> C'EST PAS MAL ON AVAIT 4 JOURS DE RETARD
> SUR BLAKE À L'ÉQUATEUR /
> IL N'EN RESTE QUE 2 / L'AMBIANCE À BORD EST BONNE /
> ON VOIT QUE LE MAL QU'ON S'EST DONNÉ
> A SERVI À QUELQUE CHOSE / À BIENTÔT / NOUS PENSONS
> BIEN À TOI ET À TOUTE TA DESCENDANCE INCONNUE /
> À BORD DE SPORT-ELEC / OLIVIER //

Au passage, nous venons de faire tomber le record de vitesse entre l'équateur et le cap de Bonne-Espérance. Blake ne nous devance plus que de deux jours. Mais pas question d'arroser l'événement, ce serait d'ailleurs dérisoire en ce moment où, ni tendu ni saisi d'une appréhension particulière, je suis grave. C'est mon cinquième Tour du monde et je sais que nous venons de pénétrer dans une zone sans innocence, le Sud.

Ici, le respect entraîne la défensive.

Franchir ce cap sans s'étendre outre mesure prouve que la véritable chasse est lancée, que nous sommes vraiment enfin dans le record.

Nous n'en parlons pas à bord, mais ça se sent. Dans les regards, dans la concentration. Il faut dire que les conditions ne sont plus les mêmes, ça commence à « pulser ». Un bon flux d'ouest, 20-30 nœuds de vent, gennaker medium et grand-voile haute, nous alignons nos 18 nœuds de moyenne, tranquilles, sans tirer sur la machine, même si nous sommes sur le qui-vive parce que ça commence à devenir pointu. Aller plus vite dans ces conditions serait périlleux. On tient le cap pile-poil, sinon je gueule : « Marin de monocoque ! » Et le barreur reçoit comme un petit coup de fouet qui le ramène à son devoir : ne pas dévier, ne pas perdre un dixième de mille, mais ne pas prendre non plus un seul risque inutile.

Je le sais bien, nous pourrions aller plus vite, mais quand je regarde les cadrans entre deux gifles de paquets de mer, je m'aperçois que nous faisons quand même de bonnes moyennes, environ 450 milles dans la journée. Nous nous offrons de longues descentes à plus de 25 nœuds sur la vague. Nous sommes donc efficaces, nous sommes heureux de l'être, et l'essentiel est de durer.

Le record est enfin entré dans les têtes, peut enfin être une obsession. Je ne me fais donc plus de soucis pour les motivations de chacun des hommes.

A chaque changement de quart, c'est l'heure du bilan, chaque homme est concerné et avide de savoir : a-t-on repris du temps à Enza ? Si oui, combien ? Si non, pourquoi ? Et personne ne se contenterait d'un vague « parce que » en guise de réponse.

C'est parfait. C'est exactement l'état d'esprit que, dès le départ, je souhaitais qu'ils aient. Ils l'ont.

Nous avons un temps à grains mollissant mais encore vif et, par moments, un ciel clair comme je n'en ai encore jamais vu à ces latitudes. Sublime.

Je ne peux pas partager ces émotions avec l'équipe à terre, car la vie à bord change avec la météo. Le froid apporte son lot de souffrance et les moments de répit sont rares. Les télex attendront, car le changement a été rapide, nous n'avons pas eu le loisir de nous acclimater. La mer est agitée et angoissante. Notre route s'infléchit au sud car j'ai l'intention, si je peux, de laisser Crozet et Kerguelen à bâbord. Ils ne sont pas nombreux, ceux qui les auront vus de ce côté-là.

Le vent vient directement du Pôle. Glacial et dense. On fait la veille radar en raison d'éventuels icebergs, mais rien pour le moment, et c'est tant mieux, sinon nous serions obligés de faire une route plus au nord, donc plus longue.

Dans le Sud, presque tout l'équipage a le même comportement. On s'enferme dans la « casquette » – c'est la niche où se trouve le radar, bien visible pour le barreur et relativement protégé – comme on s'est enfermé dans sa combinaison prétendument étanche. On fait son quart de barre deux fois une heure. On communique ses indications aux équipiers qui prennent la relève et on rentre. On se met à l'abri dans sa bannette et on attend. Ou on médite un moment dans le fumoir – c'est l'espèce de sas entre le cockpit et la cabine du bateau. On médite ou on ne pense à rien. On ne pense d'ailleurs souvent à rien, quand on est bien fatigué, à la fois physiquement et moralement, à cause de cette atmosphère épaisse, spéciale au Sud.

Même dans les moments les plus calmes, il y a toujours du suspense dans l'air, comme une menace qui plane, ou une bonne nouvelle égarée qui essaie désespérément d'arriver jusqu'à nous. Qu'il y ait un peu de brume, et alors c'est poétique, ou oppressant – selon qu'on aille soi-même bien ou mal. C'est un peu comme boire : si tu es bien, tu ris, si au fond de toi tu es mal sans t'en douter, c'est vite la nausée, la sueur froide...

Dès que j'ai un moment pour souffler, je communique avec la terre, plus pour me persuader (avec étonnement, voire incrédulité) qu'il y a encore quelque part un monde normal que par pur désir d'informer :

IL Y AVAIT DEUX ALLUMETTES
LA PREMIÈRE N'ÉTAIT PAS BONNE /
LA DEUXIÈME ÉTAIT MOUILLÉE / DE TOUTES LES DESCENTES SUR L'ÉQUATEUR
QUE J'AI FAITES AVEC CE BATEAU ON VIENT DE TERMINER
LA PLUS LENTE / CONDITIONS MINABLES DE BOUT EN BOUT /
IL Y AVAIT DE QUOI DÉSESPÉRER /
PAR CONTRE VU LA SAISON / L'ARRIVÉE DE
L'AUTOMNE EN ATLANTIQUE SUD
JE SAVAIS QU'ON AVAIT UNE CHANCE
DE PASSER VITE VERS L'INDIEN /
4 JOURS DE RETARD SUR ENZA À L'ÉQUATEUR /
AUJOURD'HUI À MOINS DE 800 MILLES DES ÎLES KERGUELEN
ENZA EST À MOINS DE 2 JOURS DE NOUS /
CELA NE SE FAIT PAS TOUT SEUL /
LE FROID DU PÔLE GAGNE DE JOUR EN JOUR
ALORS QUE LES NUITS S'ALLONGENT /
QUART SOUS LES EMBRUNS À 3° /
GRÊLE QUI NE FOND PAS VITE /
VEILLES RADAR INTERMINABLES /
À CETTE LATITUDE DE LA CONVERGENCE ANTARCTIQUE
PERSONNE N'EST PASSÉ CETTE ANNÉE /
JE N'AI PAS DE POSITION DE GLACE /
BREF ON SE DONNE AUTANT DE MAL QU'AVANT
MAIS ON VIENT DE SE FAIRE LE PREMIER RECORD
DE SPORT-ELEC
ET NOUS SOMMES CONTENTS /
TOUS LES RECORDS DU SUD NOUS APPARTIENNENT DÉJÀ /
C'EST PAS UNE RAISON POUR NE PAS S'Y ATTAQUER /
VOILÀ VOILI ! //

A la suite sans doute d'un orage magnétique indécelable pour nos pauvres yeux d'humains, il y a pendant une dizaine d'heures un bordel total dans toute l'électronique du bord.

Yves Pouillaude est comme la météo : partout à la fois, et sens dessus dessous. Je parle des positions qu'il est obligé d'adopter pour repérer d'où viennent ces bizarreries, pas de son état mental.

C'est un solide, c'est son second Tour du monde en multicoque.

Nous ne sommes pas nombreux à être dans ce cas : lui, ce sera le second, moi le troisième, dont un en solitaire dans des conditions... dont je ne veux même pas parler encore aujourd'hui.

Je n'en parlerai sans doute jamais.

Certaines expériences, certaines empreintes (le mot souvenir est trop faible, ici, il faudrait plutôt parler à la fois d'émotions et de cicatrices) se terrent ou se blottissent à jamais au fond de nous-mêmes. Non qu'elles soient frileuses, mais elles craignent le grand jour, soit parce qu'elles répugnent à se montrer, sûres qu'on ne les comprendra pas, soit qu'elles ne tiennent pas à être comprises.

Seul le temps fait le tri. Un jour, quand ça lui prend, sans qu'on s'y attende, il donne un bon de sortie à certaines, et continue de consigner les autres. Pour moi, celles qui restent ne prennent pas ça comme une punition, je crois qu'au fond c'est ce qu'elles souhaitent. Elles sont nos compagnes, elles sont à nous. Elles *sont* nous.

J'allais oublier : trois girouettes anémomètres viennent de nous quitter en même temps, bien synchrones.

Le bateau avance pas mal, mais ça devient difficile. Les nuits durent treize heures. Ce n'est pas si terrible sous ces climats, mais nous connaissons beaucoup de problèmes électroniques, et j'ai peur que le radar ne nous lâche au moment où nous allons devoir le solliciter encore plus. Je n'ose même pas penser à mon dialogue jusque-là ininterrompu avec Bob Rice, qui se fait par télex (satellite Inmarsat C), donc par électronique aussi.

Les gars qui ont déjà navigué avec moi sont contents d'être dans le Sud, malgré le froid et ce qui nous attend plus loin, car les dangers ne manqueront pas ; ça au moins c'est une certitude, une donnée sûre, invariable. Les jeunes aussi sont heureux d'être là, ils se sentent devenir de futurs vieux loups de mer, et d'ailleurs je dois reconnaître qu'ils bossent en conséquence. Il n'y a pas de temps perdu en parlotes, il n'y en a pas eu d'ailleurs depuis le départ, parce que, d'une façon ou d'une autre, nous avons toujours été sous tension.

Nous le serons sans doute jusqu'à l'arrivée. Nous ne nous battons pas contre un concurrent qui subit les mêmes conditions que nous, mais contre le chrono, adversaire bien plus redoutable et pas impressionnable pour un sou. Si Blake est encore devant nous, la pendule, elle, est au-dessus. Ça fait une sacrée différence ! Il n'y a rien de plus régulier et inflexible que le Temps.

Un rival peut vous battre à la loyale s'il a été plus malin, plus chanceux ou plus fort que vous, mais il peut aussi l'être moins, et se planter « grave » quelque part.

Le Temps, lui, implacable et impitoyable d'indifférence, égrène ses secondes comme on laisse tomber les gouttes une à une sur le crâne de quelqu'un qu'on veut rendre fou.

Nous ne pouvons pas dire « Pouce, c'est pas du jeu, l'autre est passé quand il avait du vent et nous on est dans la pétole... ! »

Il s'en fout, le Temps, Il ne sait même pas que nous sommes dans le coin, il était là tout le temps, lui, là et partout à la fois, et il s'en moque bien, de nous, et peut-être même de la mer. Il est au-dessus de nos petites histoires. Ça donne une idée de l'émotivité de cet adversaire.

Et c'est contre lui que nous nous battons comme des malades.

Nous avons décidé de passer sous les Kerguelen, ce morceau d'île dans cette mer verte et puissante que je connais, avec ses reflets noirs, sa houle qui va trop vite et qui se croise, ce monde de *nowhere*, de « nulle part ».

C'est près de ce morceau d'île que j'apprends par télex qu'il y a un bateau de pêche. Il est par 47° Sud, à près de 5 degrés au-dessus de nous, à notre nord. Le message que je reçois d'eux est probablement à leur image, simple et pas bavard : « Bienvenue dans le Sud. »

En le lisant, je ne dis rien mais je suis content. Content de savoir qu'il y a un bateau de pêche là-haut, on ne sait jamais. En plus ça fait plaisir de parler à quelqu'un qui vit dans le même monde que vous, qui en reçoit la même impression et qui, sans doute, en a aussi la même connaissance, sinon meilleure, puisqu'il est dans cette mer pour travailler.

Bientôt « La Curieuse », un bateau de recherche scientifique, basée sur les Kerguelen, se joint à nous et nous commençons à avoir, par télex, puis par radio des petits échanges.

– Ça va ?

– Ça va.

– Ça va bien ?

– Ça va bien.

– On a pris du mauvais temps hier...

– Oui, nous aussi.

Petites conversations de rien, qui ponctuent la nuit ou le matin selon les jours, mais qui nous permettent de recréer cette espèce d'atmosphère, cette tranquille solidarité entre les morutiers qui était de règle sur les bancs de pêche de Terre-Neuve – « le grand métier » – où chacun appelait chacun pour savoir s'il ne lui était rien arrivé de mal, si ça allait, s'il n'avait besoin de rien.

Ici, le non-dit est total. De toute façon nous ne pourrions rien faire pour eux. Eux ne pourraient pas faire grand-chose pour nous. Nous nous parlons quand même, pour savoir qu'on existe, pour savoir que dans ce bout du monde, ce *no man's land*, il y a des hommes et des bateaux avec des métiers à la fois différents et semblables, et certainement le même amour de la mer. Nous n'avons pas le même but, ni la même manière de travailler, mais nous partageons le même stress et les mêmes bonheurs, avec ces houles énormes qui s'éclatent sur le pont, avec le chalut qu'il faut tirer lorsque ça glace, avec les jours où on est obligé de capeyer, ceux où on ne peut même pas mettre en pêche ; et puis nous, de notre côté, avec notre machine à danser sur les vagues, espèce de feu follet blanc, trimaran rapide qui jongle avec vivacité d'une tête de crête à l'autre, qu'un équipage d'hommes à moitié harassés mènent le plus vite possible, avec eux aussi le même mélange de joies et de souffrances, les mains qui se gèlent, les poignets qui se couvrent de furoncles, la fatigue qui est trop lourde, et ce bonheur enfin que l'on ne peut pas exprimer.

Ce seront des souvenirs à jamais marqués dans leurs corps, dans leurs âmes et dans leurs mémoires de ces grandes mers du Sud.

Nous ne nous sommes pas parlé tous les jours. Mais nous nous sommes parlé souvent. Parler souvent dans le Sud, ça veut dire se contacter tous les deux, trois, ou quatre jours, ou tous les 1 000 ou 2 000 milles. Laisser entendre à l'autre, avec ce son qui s'estompe tous les jours un peu plus, qu'on existe encore et qu'on vit.

C'est pourquoi, quand je le pouvais, je leur envoyais des nouvelles du monde lointain de la solitude dans lequel nous nous enfoncions de jour en jour, là où il n'y a même plus morceau d'île ni bateau de pêche ; c'était ma manière à moi de rendre hommage à leur métier.

SEULS SUR MER

Des petits ennuis nous ramènent aux réalités du bord, qui est désormais notre seul univers.

ATT : LNO / SCUSE POUR LE RETARD /
NOUS AVONS ENVOYÉ UN GARS EN TÊTE DE MÂT
POUR CHANGER LA GIROUETTE DE LA CENTRALE BROOKS.
Y EN A 3 QUI NOUS ONT LÂCHÉS EN MÊME TEMPS (TROIS) /
S'IL N'Y A QU'EUX QUI NOUS LÂCHENT, ÇA IRA /
ON SE PLAINT QUAND Y A PAS DE VENT,
ON VA PAS SE PLAINDRE QUAND Y A /
ET TOI ? PAS TROP DURS, LES RÉVEILS ?
ICI, NON, VU QU'ON DORT PAS DES MASSES
/ A + / OLIVIER //

Sous gennaker lourd (voile d'avant, moitié spinnaker moitié génois) et grand-voile haute, nous filons entre 18 et 20 nœuds. L'eau est à 5 degrés, l'air à 3, mais ce n'est pas pour se réchauffer que l'équipage dépense en silence une énergie qui paraît parfois disproportionnée par rapport au gain de temps qu'elle apporte. Je ne m'en plains pas, aucun effort n'est de trop. Les quelques minutes empochées ici nous serviront sûrement un jour ou l'autre. C'est l'équivalent de la petite monnaie, parfois ça peut sauver une situation délicate.

D'ailleurs, que faire d'autre que travailler, faire notre

métier? Nous ne sommes pas une bande de potes partant pour une virée en mer. Nous allons vers une mer déjà dure en temps normal, mais qui en épouvante plus d'un en cette saison. Il nous faut rester concentrés. Nous n'avons qu'un but, qui se décline en trois points : ramener le bateau en entier, nous tous dessus, et si possible dans le minimum de temps. Ça prend sept à huit lignes à écrire, et entre 70 à 80 jours à faire.

C'est une des raisons pour lesquelles il n'y aura pas, tant que le bateau ne sera pas arrivé à Brest, de temps perdu en attendrissements, voire, de ma part, en simple sollicitude. Il se peut que je paraisse dur – je le suis sans doute – mais comme un entraîneur exigeant, pas comme un despote qui fait trembler ses hommes par perversion.

Il faut qu'il y en ait un qui décide, et cette fois, sur ce bateau, sur ce projet, sur mon bateau, il se trouve que c'est moi. Il faut un capitaine, et ce n'est pas par orgueil qu'on l'appelait jadis « Maître après Dieu ». A lui le commandement, mais à lui aussi les responsabilités.

C'est souvent pourquoi je ne dors pas, ou mal, ou peu, parce que, quand un quart termine et qu'un autre arrive, une heure après j'entends des bribes de conversation : « le vent monte, le vent monte »... ou « la pression atmosphérique dégringole... ». Dans un demi-sommeil, je dis « oui, c'est pas grave, c'est une attaque, ça ne va pas durer ». D'autres fois, je sais que ce n'est plus une attaque, mais qu'on va changer de régime de vent, qu'il faut intervenir. Je le sais parce que j'étais là avant, je connais un peu le coin. Alors c'est pour ça qu'il me faut être là tout le temps, à la fois sur leur dos pour les pousser et les retenir. Ça ne dépend pas de mes humeurs, mais de celles du temps.

Sur le bateau, il n'y a pas moi et six hommes, il y a moi et l'Équipage dans les moments délicats, et dans les moments plus calmes, moi, Bob, et Yves qui représentent tout l'Equipage. Deux au minimum, trois au maximum. Je sais que chacun de ces hommes a sa personnalité, son talent particulier et bien sûr je les remarque, même si je ne fais pas de commentaires. Il y aura sans doute des frustrations à l'arrivée, mais justement, là, nous verrons bien. Pour l'instant, nous avons assuré le départ – éprouvant pour les nerfs, mais sans réel danger. Maintenant, nous sommes au cœur d'une compétition où nos vies se jouent aussi, alors je fais la part des choses.

Je préfère prendre le risque que les gars m'en veuillent un peu, et que le bateau avance sans se soucier des problèmes que j'assume. Nous vivons dans le même espace, mais pas dans le même temps. J'anticipe sans cesse, eux doivent gérer le présent.

Et notre présent est le suivant :

> MER GROSSE / PAS ÉVIDENTE / VENT 30-35 NŒUDS /
> ÇA CAILLE /
> J'AIMERAIS BIEN QUE ÇA SE RANGE UN PEU /
> LE FROID ET LE MANQUE
> DE SOMMEIL COMMENCENT À SE FAIRE SENTIR //

Nous descendons doucement vers 51° Sud, doucement mais sûrement. A l'approche des icebergs, j'instaure un nouveau rythme de quarts : il commence à faire froid, tout devient plus pénible, les gestes sont ralentis, les hommes mettent davantage de temps à s'habiller, pour monter sur le pont, et les manœuvres s'en ressentent...

Or dans ces parages, la moindre erreur ne pardonne pas. Le nouveau rythme sera de deux quarts de trois hommes ainsi répartis : Hervé Jan, Didier Gainette, et Marc Le Fur d'une part, Yves Pouillaude, Thomas Coville et Michel Bothuon d'autre part.

Je préfère cette nouvelle organisation. Les hommes sauront pourquoi il n'y aura pas de vraies conversations à bord. Accessoirement à cause du bruit incessant que fait le bateau, mais surtout parce que je suis contre les échanges conviviaux, surtout à la barre. Tout ce qui *distrait* le barreur, au sens étymologique du mot, est mauvais et dangereux pour le bateau et pour la course, donc pour nous.

Avant le cap de Bonne-Espérance, il n'y avait pas de conversation parce que nous étions absorbés à faire du bateau vite, et à présent que nous sommes dans l'Indien, il y en a encore moins parce que nous faisons du bateau difficile dans une mer qui l'est encore plus.

A la barre, on ne parle qu'en quittant ou en prenant son quart, pour prendre ou donner un peu les repères, essayer de bien comprendre ou transmettre, bien interpréter ou intégrer les instructions de cap et de vitesse et d'angle au vent. Le relais peut prendre un peu de temps s'il le faut quand on s'entend mal et que la mer est sournoise, mais nous ne nous demandons pas de nouvelles de notre santé ou de la composition du dernier repas avalé.

Une fois le barreur dans sa phase de travail et de concentration, le fait qu'il bavarde avec un autre signifierait un relâchement. Or s'il était davantage concentré, il pourrait encore nous faire gagner un demi-nœud, voire un nœud en vitesse ! Simple et mathématique.

Donc personne ne doit parler pour ne rien dire. Point final.

Je sais bien qu'il y en a toujours qui trouvent le moyen d'échanger des plaisanteries vite fait en se passant le relais, mais c'est rapide, ça les revigore mentalement – donc le bateau est gagnant. De plus, c'est humain, comme ce sont des équipes, ils s'amusent à s'exciter, à créer une petite rivalité du genre :

– Ah bon ? Seulement 16 nœuds ? Vous avez eu des problèmes, ou quoi ?

– Tiens ! prends la barre ! on verra si tu fais mieux !

Ou :

– Prenez. On vient de débouler bloqués à 26-27 nœuds pendant je sais plus combien de temps !

– Ça va ! ça va ! Passez la roue, feignasses ! on va voir vraiment ce qu'elle a dans le ventre.

Et bien sûr, ils vont tâcher de faire mieux. C'est de la bonne émulation.

Je sais que la peur est aussi présente, parfois, et c'est une façon de l'exorciser. Les hommes finissant leur quart et descendant dormir dans leurs bannettes, ne doivent pas gâcher les quelques heures de repos qu'ils ont bien gagnées à se demander, dans un demi-sommeil, si le quart d'en haut va être aussi vigilant que le leur.

Dans cet environnement, le silence n'existe pas et le choc de la coque sur la vague est parfois fracassant. L'un d'eux s'est réveillé une fois en sursaut en criant : « La coque s'est ouverte ? Un étai vient de casser ? »

Voyant que rien de tout ça n'était arrivé, il s'est tranquillement rendormi. Je ne sais pas à quoi il rêvait, en revanche.

Dans les 50es, où l'arrivée de l'hiver commence à se faire sentir, il faut toujours être prêt à prendre un ris très vite ou à affaler une voile. A deux ça fait trop juste. Dans ces latitudes, la vitesse et la force des grains sont telles que la drisse de grand-voile doit être constamment parée à filer en cas d'un grain plus hostile et plus soudain que prévu. J'exige même le port du couteau, on ne sait jamais, mieux vaut couper que chavirer. De toute façon le bateau va bien, et vite, les hommes sont prêts et vigilants et, en fait, je n'ai jamais besoin d'anticiper jusqu'au point d'obliger tout le monde à monter sur le pont à cause d'une catastrophe.

Si en plus de la bouffe on pouvait lyophiliser aussi deux ou trois équipiers, rangés bien au sec dans un coin – vu l'état du pont nous n'aurions même pas à les mouiller pour qu'ils reprennent vie au moment où nous aurions besoin d'eux – ce serait un progrès notable, sinon sur le plan de la chaleur des relations humaines, au moins sur celui du confort et de la sécurité.

Personne ne se plaint du changement apporté aux quarts, puisque c'est pour le bien de tous. Si je décèle parfois de l'incompréhension, je ne ressens jamais de rapport de forces. C'est sain. Ils savent (certains mieux que d'autres) que mon rôle consiste à donner l'ordre le plus adapté à la bonne marche du bateau et à notre sécurité, donc ils l'exécutent. On ne réunit pas un conseil d'administration chaque fois que je prends une décision sans avoir le temps ou l'envie d'en expliquer les raisons. Je leur fais confiance, ils me font confiance. Ça marche comme ça. C'est un bon équipage.

Thomas Coville, que je découvre un jour dormant dans la soute à voiles, à l'écart des autres, aurait pu donner l'impression qu'il avait des réticences et qu'il faisait bande à part, mais non, il dort là parce qu'il ne supporte plus l'atmosphère enfumée du carré, et que nous avons tous pratiquement toujours la cigarette au bec.

Il n'y a pas de lézard, et tous s'accommodent de mon caractère changeant, s'ils ne le comprennent pas toujours. Et c'est vrai que, d'heure en heure, mon humeur varie.

Mais les conditions de la course changent d'heure en heure elles aussi. Je ne demande donc pas que l'on me comprenne, je demande que, si l'on doit me questionner sur ma conduite, ce soit après coup, quand nous serons arrivés.

Je sais que je peux être très pénible (c'est moins souvent qu'on ne le croit) mais dans ces moments-là, chacun a sa technique. Hervé Jan s'en va. Où s'en aller sur un petit bateau ? Il faut le lui demander, mais il y arrive.

Ce n'est pas le bagne. Parfois j'en entends qui se marrent, sans arriver à les identifier, et ça me fait sourire. Je crois bien en avoir entendu un réveiller ainsi un homme du prochain quart : « Billets siouplaît, terminus, tout le monde descend ! »

C'est bien. Chacun sa nature. Moi, quand j'ai besoin d'eux, c'est plus direct : « Du monde sur le pont ! Magnez-vous ! »

C'est difficile à croire, mais c'est une forme de courage que d'aller réveiller des gars épuisés, qui vont quitter leurs duvets humides pour enfiler leurs cirés trempés. Le Fur a des yeux d'enfant effaré, le nez est rougi, l'onglée a attaqué toutes les mains et en particulier les siennes : elles ressemblent à des pattes de pigeon.

Pour réconforter l'équipage, je grommelle que sur les trois-mâts dans ces latitudes – et même plus proches de nous, sur les morutiers de Terre-Neuve du temps des bateaux de pêche à voiles – c'étaient des vrais gamins qui étaient chargés du plus sale boulot. On les envoyait en haut du gréement, et ils travaillaient sans se plaindre, en pleurant en cachette de froid et de douleur. Certains se suicidaient en se jetant à l'eau. L'équipage n'en est pas là, pas vrai les gars ?

« Alors on se bouge ! on se magne ! allez ! allez ! »

Le capitaine est hors quart. Pendant mes rares heures de sommeil, j'enregistre inconsciemment tous les bruits du bateau, et je ne suis plus le seul dans ce cas. La moindre réaction est perçue par chacun, petit clapot, angle au vent, ceci et cela... Les gars cuisinent en silence pour ménager mon repos – ce n'est pas un mince exploit vu le rodéo que représente un déplacement et des activités si périlleuses dans un espace si exigu.

J'informe le P.C. :

NOUVEAU RYTHME DE QUART,
DEUX QUARTS DE TROIS PERSONNES
QUI SE RELAIENT TOUTES LES SIX HEURES /
PLUS FACILE À GÉRER
EN CAS DE NÉCESSITÉ D'INTERVENTION RAPIDE SUR LE PONT /
FROID DU PÔLE GAGNE DE JOUR EN JOUR
ALORS QUE LES NUITS S'ALLONGENT /
QUARTS SOUS LES EMBRUNS
ET LA GRÊLE QUI NE FOND PAS VITE /
AMBIANCE GÉNÉRALE DU BORD :
PAS MÉCONTENTS DE CONSTATER
QUE LES MODIFICATIONS FAITES SUR LE BATEAU
LE RENDENT PLUS SÛR ET PLUS RAPIDE –
ON LE SAVAIT DÉJÀ, MAIS C'EST PLUS DANS LE SUD
QU'IL EN DONNE TOUTE LA MESURE –
ET QU'ON REMONTE UN PEU NOTRE RETARD /
POURVOU QUE ÇA DOURE /
AUTRE POINT DE DÉTAIL IMPORTANT,
LES CIRÉS SONT AUSSI PEU SINON MOINS ÉTANCHES QUE LES PRÉCÉDENTS, LES BLEUS,
MAIS LES GANTS SONT DES TRÉSORS DE CONFORT /
LES MAINS AU SEC
ET PRESQUE AU CHAUD //

Dire que j'interdisais naguère à mes équipiers de porter des gants et des lunettes de soleil (que je porte souvent, à présent) sous prétexte que l'homme est né sans. Question d'âge ou deviendrais-je sage ? Comme ça rime, il doit y avoir un peu des deux. A ce rythme, un de ces jours, disons au seuil de ma mort, je finirai par devenir vivable...

En tout cas, ce n'est pas pour tout de suite : le problème dans la gestion d'un équipage, pour battre un record, c'est que lorsque le bateau avance bien chaque erreur coûte X secondes et, à l'arrivée tout se calcule aussi en termes de secondes gagnées ou perdues. Une drisse mal bloquée ou mal tournée signifie qu'à la manœuvre suivante il faudra perdre cinq minutes pour la décoincer. Il faut prévenir chaque erreur.

Voilà pourquoi je dis une fois pour toutes ce qu'il convient de faire. Je crie la fois d'après si ça cafouille encore, et exceptionnellement je gueule si ça ne va toujours pas.

En général, après, tout roule.

C'est un Tour du monde qui va être très difficile pour les hommes, je le sais, mais les ordres ne seront absolument pas discutables.

Je fais le métier de capitaine et en même temps le métier d'entraîneur. Des hommes, il faut que j'obtienne le maximum tout en les ménageant, et c'est la même chose pour le bateau.

Pas le temps de faire de la pédagogie. Je gère la météo avec Bob Rice, le pont avec l'équipage, je prévois des sorties de secours en cas de pépin et quand mon intuition me dit que j'ai telle ou telle décision à prendre, le minimum c'est que j'aie l'esprit libre, pas encombré par des susceptibilités froissées ou par des broutilles. Rien de ce que je fais ou dis n'est gratuit ni volontairement blessant, c'est la seule donnée importante.

Qu'est-ce qu'un bateau et un équipage ? Un bateau, ce sont des lignes, des qualités techniques, un gréement, des matières. Un équipage, c'est d'abord un ramassis d'hommes avec leurs qualités et leurs défauts et des limites inconnues parce qu'encore jamais sollicitées, mais de ce dernier point je ne m'occupe pas, c'est l'océan qui s'en occupera. Ce qui est intéressant, c'est de réussir une cohésion et de faire avec ce groupe disparate un équipage soudé afin d'avoir tous sur le bateau un seul et même but : obtenir le meilleur de chacun et que ce meilleur-là soit entièrement dévoué au service du bateau.

Là, à ce moment-là, je peux dire qu'on a un bateau et un

équipage, mais pas avant. Et c'est en train de se construire sous mes yeux, je ne leur en montre rien, mais j'en suis ravi, parfois ému. Je les aime dans l'effort et parfois je les admire. Quand je les vois se donner tant de mal, donner le meilleur d'eux-mêmes, ils me rappellent tout ce que j'ai vu tant d'années sur la mer : des hommes faisant de leur mieux. Voir l'autre faire de son mieux, rien n'est plus gratifiant, chacun donne, et donne son maximum. On ne reçoit pas toujours, mais on donne, on donne encore, sans arrêt, pour être meilleur.

ATT : LES SCIENTIFIQUES DE LA « CONSTANTE DE PLANQUE »
TEMPS MANIABLE / PRESQUE CALME POUR LA RÉGION /
POUR L'INSTANT
ROUTE SANS HISTOIRE VERS LES KERGUELEN /
QUE NOUS ALLONS LAISSER À BÂBORD /
C'EST POURQUOI NOUS DESCENDONS DOUCEMENT
VERS 51° SUD
APRÈS JE PENSE QUE NOUS REMONTERONS VERS LES 40ES /
VOILÀ / BONNE JOURNÉE PÉPITA,
ET BISE À (TOUTES LES FEMMES DE) LNO //

Le Sud ne fait pas rêver que les marins. Nous nous rendons compte que nous ne sommes pas seuls au monde depuis que nous commençons à recevoir des télex nous posant quelques questions. Déjà ? Si loin de la ligne d'arrivée ? Ça ne peut être que par des mordus de la voile. Donc nous nous sacrifions.

Enfin, nous « allons » nous sacrifier.

Nous le devrions, en tout cas.

Le moins fatigué d'entre nous y répond quand il trouve une réponse potable – sinon, il laisse tomber, remonte et se remet au boulot sans plus se soucier de la « Communication ».

Je réussis presque toujours à pousser Yves à s'y coller ! Et il s'y colle. Je l'admire.

Même si on l'évite le plus souvent possible, le bateau cogne souvent – et parfois longtemps. La mer est mal pavée, c'est de temps en temps une mer de cubes qui s'élèvent soudain droit devant soi, la version maritime de l'enfer du Nord, sauf que là les pavés sont un peu plus gros, pratiquement la Chaussée des Géants. Je suis de tout cœur avec Yves, en bas : dans ces conditions chaotiques, trouver la bonne touche sur un clavier c'est un peu comme taper sur une machine à écrire assis sur une moto qui roule plein pot dans un chemin de ferme défoncé.

Et il n'a pas à se plaindre (il ne se plaint d'ailleurs jamais) car, petite précision, les conditions sont exceptionnellement molles, pour une position au sud des Kerguelen...

Soudain une pyramide émerge sous le bras de liaison. Bothuon à la barre enfonce la tête dans ses épaules et se recroqueville : ce n'est pas suffisant et pas assez rapide malgré le réflexe, la masse d'eau s'abat sur le cockpit, fait ployer le corps qui s'affaisse, les mains agrippées à la roue. Le cockpit est noyé d'une eau à 2 °C mettant un malin plaisir à ne s'évacuer qu'à regret de ce qui est si bien dénommé « la baignoire ».

– Elle est bonne, elle est bonne... fait Bothuon, tremblant de froid, dégoulinant, ruisselant, couvert de sel, sonné par la charge qu'il vient de subir (il n'a jamais autant parlé).

– Quoi ? (Il faut hurler pour se faire entendre.) On n'entend pas, tu claques des dents !

– Elle est bonne, elle est bonne ! articule-t-il, exceptionnellement expansif.

Ah ! d'accord. Là, on a compris.

Non seulement il est un fin observateur, mais en plus c'est un empirique, il aime vérifier les phénomènes qui l'intriguent et n'hésite pas à les expérimenter sur lui-même.

Ces intellos, tout de même...

Ma réponse aux questions des journalistes (la même pour tous) indique que la rédaction n'a pas été facile :

MÉTÉO : SÛREMENT CE N'EST PAS UNE NAVIGATION D'ÉTÉ MAIS D'AUTOMNE /

NOUS N'AVONS PAS DE RELEVÉS DE VOILIER DANS CES ZONES
À CETTE ÉPOQUE /
CE SERA PLUS COHÉRENT
D'EN PARLER
APRÈS LE CAP HORN
ET QU'ON AURA SORTI LA CRÈME À BRONZER //
SÉCURITÉ : ENZA POUVAIT COMPTER SUR NOUS
PARCE QUE NOUS ÉTIONS DERRIÈRE
DONC TOUJOURS À SON VENT / NOUS SUR PERSONNE /
J'AI L'HABITUDE C'ÉTAIT LA MÊME CHOSE QUAND
J'AI BATTU LE RECORD DU TOUR EN SOLITAIRE AVEC POULAIN /
ÉQUIPAGE : FIER DU RECORD ÉQUATEUR-CAPE TOWN /
ET HEUREUX DE NE PAS AVOIR RENONCÉ /
CONTENT QUAND ÇA VA VITE /
TRISTE QUAND ON A DES CONDITIONS MÉDIOCRES //
MATÉRIEL : LE GRÉEMENT COURANT EST NEUF /
LES VOILES SONT EN BON ÉTAT /
CELA NE SIGNIFIE RIEN QU'UNE PARTIE DE LA VOILURE
DATE DE 95,
CE QUI COMPTE C'EST SA CAPACITÉ DE PERFORMANCE /
ON NE SERAIT PAS PARTIS AVEC DU MATÉRIEL MINABLE /
MAIS C'EST VRAI QUE ÇA SERAIT MIEUX
SI TOUT ÉTAIT NEUF /
ICEBERGS : (ce mot-là fait rêver) ALORS QUE LES VEILLES
RADAR SONT INTERMINABLES
NOUS N'AVONS PAS DE POSITION DE GLACE...
NAVIGATION : LE SUD C'EST COMPLIQUÉ / OUTRE LE FROID,
LA NUIT, LA GLACE,
LE RISQUE DE SE RETROUVER AU SUD DES DÉPRESSIONS
EST RÉEL / SINON LA MER EST UN PEU PLUS FORMÉE QU'AVANT,
LES VAGUES TRÈS RAPIDES ET PUISSANTES /
UN FORT COUP DE VENT EN CETTE SAISON
ÇA DOIT TRÈS VITE ÊTRE L'APOCALYPSE /
VOUS TIENDREZ AU COURANT
SI ON COULE / YVES POUILLAUDE //

Nous entrons dans la zone où trois voiliers du Vendée Globe ont fait récemment naufrage.

Les vibrations sont très violentes, mais il faut dire que si nous frôlons parfois les 500 milles, nous dépassons les 450 milles tous les jours. Conséquence : le fantôme d'Enza, notre adversaire virtuel, serait en vue s'il était visible. Enfin, je me comprends.

Les conditions deviennent infernales, mer dégueulasse, grains de neige à répétition, chaque seconde doit être consacrée au bateau.

Tout le monde est harnaché. Nous fonçons dans un bon flux d'ouest et reprenons mille par mille à Blake ; je crie comme un fou furieux si on oublie le harnais-brassière ou si on dévie du cap : « C'est pas une régate ! l'arrivée est à 20 000 milles, pas à 2 milles ! le premier qui tombe à l'eau je le fous à la baille ! »

TURBULENCES ET YO-YO

Les conditions empirent. On ne s'entendrait plus parler, si on parlait. C'est un grondement permanent, qui s'enfle parfois en rugissement, et un paquet de mer balaie le pont surprenant tout le monde, puis s'écrase en rebondissant et enfin s'évacue dans un bruit de siphon, de préférence sur le mec à la barre, espèce de bibendum engoncé dans ses polaires, son ciré, protégé du spray (les embruns permanents que l'étrave pulvérise) par d'épaisses lunettes de ski.

En bas, le boucan n'est pas le même. Un tapage permanent composé du vent qui siffle dans le gréement, du frottement de la coque glissant à plus de 25 nœuds, et du roulement de tonnerre des déferlantes. Il y a d'autres acteurs (tels qu'embruns vachards, reflets soudains qui font d'une vague un petit iceberg menaçant, la liste n'est pas limitative) pour donner à ce vacarme et ce chaos leurs vraies dimensions, mais je n'ai le temps de parler que des vedettes, même s'il y a, comme dans tout bon spectacle, beaucoup de seconds rôles à forte personnalité... Et tous, des stars aux figurants, semblent nous en vouloir.

Pas question de mollir pour autant. Enza avait aligné dans ces parages un chapelet de milles miraculeux. A nous de faire aussi bien, sinon mieux. Nous tâchons d'être dans la meilleure forme possible, nous nous nourrissons « bien chaud », c'est important pour le moral et il faut mettre du combustible dans nos chaudières.

C'est un peu « Aidons-nous, le bateau nous aidera »...

Et il nous soutient, le bateau. Il nous rend bien ce qu'on lui donne, nous permettant de prendre des risques pour gagner notre challenge. Il file. Avant chaque manœuvre importante, je prends la barre. Souvent je la prends en cours de route, pendant la manœuvre. C'est moi qui récupérerais le mieux le bateau en cas de surf trop involontaire, par exemple, ou autre imprévu. Les hommes me récoltent des indications, et après, en fonction de la mer, je leur rends la barre, et leur dis « On va essayer de voir à droite, ou à gauche ». Ou un homme me dit : « On passe mieux à gauche. » O.K. Tu prends. On sacrifie cinq degrés. On en sacrifie dix ! Si tu passes mieux, tu prends !

Il y a toujours la nécessité d'économiser le matériel, il ne durera pas éternellement. Chaque goupille, chaque axe, chacune des centaines de pièces du bateau bouge des milliers de fois, et s'use. Il ne faut pas que l'usure aille jusqu'à la rupture.

Nous veillons sur le bateau. En échange, il nous permet de prendre des risques pour gagner notre défi. Nous dévalons l'océan Indien à plus de 800 kilomètres au sud de la route d'Enza. Plus près des glaces, donc.

Le froid intense engourdit les corps.

Marc Le Fur (baptisé aussi Fumier 2 ou Marco-le-Fumiot) nous concocte tous les jours, sans défaillance, notre ration quotidienne de sucres lents – riz, mais surtout pâtes.

Puis chacun l'accommode à sa façon avec les sachets lyophilisés (note des sept critiques gastronomiques du bord : nettement moins de trois étoiles, ils n'ont pas beaucoup de succès) ou des conserves de qualité.

Les plus vieux mettent du piment, du curry ; les plus jeunes, il y en a bien un ou deux qui se feraient du riz au lait bien sucré, comme quand ils étaient mômes, s'ils n'avaient pas peur de déclencher des moqueries (c'est d'ailleurs sur ce dernier point qu'ils sont encore mômes quelque part).

Un troc s'est instauré à bord, et j'essaie bien d'échanger un tube de lait concentré contre deux boîtes de thon à l'huile dont je ne me lasse jamais, mais on trouve que je suis dur en affaires. Les petits cons ! Refuser de se laisser rouler par leur capitaine ! Je les mettrais bien aux fers si je n'avais pas besoin d'eux.

Le froid me vivifie l'esprit. Je me rends compte à un moment que j'ai intégré une donnée qui s'impose d'un coup à moi, aussi soudainement qu'une bouffée de chaleur : la victoire est possible. Coup au cœur.

Un rapide calcul me confirme que Blake n'est plus qu'à 68 milles devant nous (disons trois heures et demie). C'est l'effet de corde, puisque nous sommes positionnés 8° plus bas au sud que ne l'était Enza. A vitesse égale, je lui reprends 40 milles par jour, mais nous commençons à souffrir. C'est la moindre des choses, dans ces parages. On n'a rien pour rien.

Au petit matin, 35 milles d'écart. La fièvre nous a tous gagnés. Tant mieux. Ça nous tient chaud. Pas longtemps, car hélas et merde, on est empétolés dans un col qui ne devrait pas durer d'après les prévisions. Route Nord/Nord-Est : nous sommes en train de perdre le gain de la veille. C'est la vie. Ici, il ne faut pas être présomptueux, et l'humilité est une option recommandée.

On aperçoit quelques manchots qui retournent au sud. J'envie leur assurance, et leur impunité à braver ces eaux-là. Ils vont dans le Sud comme on rentre de vacances, pressés, mais sans plus – moins stressés que les gus du week-end qui bouchonnent le dimanche soir sur les autoroutes, un portable à la main.

Notre stress, nous l'évacuons par « le concours de gueules

de con » (un rite auquel il serait malvenu de se dérober) commencé une semaine avant Bonne-Espérance, qui va être un grand cru.

J'ai hésité entre la moustache fine genre maquereau des films français des années 40/50 avant d'opter pour la barbe imitation Robinson Crusoé. L'intérêt de ce dernier choix est qu'il ne nécessite aucun effort, et me fait gagner de précieuses minutes utilement consacrées au bateau.

C'est surréaliste : avec nos gueules de con, nous affrontons un vent debout, fort, et une mer croisée, « houle », plus « houle secondaire », plus « mer du vent », toutes les trois fortes. C'est un chaudron de sorcière dans lequel il est impossible d'avancer. A n'importe quel autre moment, le contraste entre nos manœuvres ultraconcentrées et rapides et nos visages d'opérette me ferait rire. Là, pas le temps, ni l'envie. Nous sommes entrés dans le vif du sujet. Le vent ne descend jamais en dessous de 35 nœuds, nous pelons de froid, et le manque de sommeil commence à se faire sérieusement sentir.

Au bout d'une semaine de Sud, tout est trempé-glacé à l'intérieur. Pas d'aération possible, le pont est couvert d'eau blanche. La condensation omniprésente provoque des petites stalactites qui dégouttent et nous obligent à remiser les appareils photo dans un bidon étanche, et à sortir plus tôt que prévu des rechanges de vêtements secs. Nous commençons à puiser dans les réserves, car il est difficile, voire impossible, de s'octroyer les quatre repas qui composent notre ration quotidienne de calories sans rogner sur le sommeil.

Mais tous tiennent le coup. Les anciens du bateau (Yves, Hervé, Michel) sentent que nous pourrions aller plus vite si nous le souhaitions grâce à toutes les modifications faites cet hiver avant de repartir.

Quand j'en ai le courage, ou dispose d'un peu de temps (mais le plus souvent il me faut les deux à la fois), je tiens les amis du P.C. informés de notre situation :

BONJOUR DU PAYS DES GLAÇONS / GRAINS DE NEIGE / BEAUCOUP DE MANŒUVRES SOUS LES GRAINS / PETIT COUP DE FATIGUE SUR LE BORD /

POSITION 51 36 S – 103 35 E /
ÇA AVANCE DONC PAS MAL
SI VOUS SAVEZ LIRE UNE CARTE /
JE NE VOUS CACHE PAS QU'ON NE SAIT PLUS TRÈS BIEN
SI ON AVANCE VITE À CAUSE DU RECORD
OU À CAUSE DE LA HÂTE DE SORTIR D'ICI //

Enfin, on le sait, mais pas au moment précis où on reçoit un baquet d'eau glacé sur le visage, qui trouve toujours le passage pour s'infiltrer et dégouliner à l'intérieur de nos cirés.

J'ai toujours détesté l'océan Indien, il me fait peur. Dominique Guillet y est mort, Deroux aussi. Entre 80 et 110° Est, on est massacré dans l'Indien – c'est un océan qui est sous-estimé alors qu'il a envoyé plus de marins faire leur trou dans l'eau que le cap Horn.

Le Horn n'est pas le plus grand cimetière maritime, contrairement à ce qu'on croit (sauf pour les malheureux de jadis forcés de tenter le passage dans l'autre sens), mais il est « médiatique », il arrange tout le monde, revues et lecteurs, parce que c'est un point localisable, connu, mythique. Se faire photographier devant le « caillou » est devenu obligatoire, le passer est un « must ». Comme on ne peut s'y faire photographier que par mer clémente, on ne le trouve finalement pas si méchant que ça, sur la photo.

Et d'ailleurs, le Horn lui-même ne l'est pas tant que ça. Il y a même un bravache qui a voulu le passer en planche à voile – il l'a peut-être fait, je ne sais pas. C'est obscène. Passer le cap Horn, ce n'est rien. L'épreuve, c'est d'y arriver. C'est comme si on se faisait déposer en hélicoptère à vingt mètres du sommet de l'Everest. Ce n'est pas le sommet qui compte, c'est l'effort exigé et consenti pour y accéder.

Mais on en est encore loin, du cap Horn...

L'Indien ne nous lâche pas, et nous fait même une belle peur : par 51° Sud et 112° Est, on passe à côté de nos premiers gros icebergs, vraiment impressionnants. On les admire à distance respectueuse (et là, ce n'est pas un cliché).

Frissons dans le dos. Le froid, sans doute...

L'équipage fatigue plus que le bateau. Les 400 kilos de gagnés sur le mât à l'avant du centre de gravité et à 18 mètres de haut font une sacrée différence. La preuve :

ATTENTION ENREGISTREURS DE RECORDS,
PIEDS AU PLANCHER /
PASSE LONGITUDE CAP LEEUWIN A 07H.07MN.03SEC.
TU (HEURE GPS),
LE 08 AVRIL 1997.
SI JE COMPTE BIEN, ÇA FAIT DEUX RECORDS /
ÉQUATEUR-CAP LEEUWIN D'UNE PART
ET BONNE-ESPÉRANCE-CAP LEEUWIN D'AUTRE PART /
J'AI PAS FAIT LES CALCULS.
POUVEZVOUZENCHARGER SVP ?
MERCI LADIES&GENTLEMEN /
SUIS VOTSERVITEUR BARBU / VOILU //

Nous avons des difficultés de transmission en raison d'une aurore boréale. Personne à bord ne s'en plaint tant elle est irréelle de beauté. Une aurore ne se montre que du crépuscule à l'aube – cette fois, c'est le soir, c'est une lumière blanche particulière. Il faudrait un peintre à bord, on a l'impression que le soleil ne se couche pas, mais c'est un soleil blanc, un soleil froid hors de ce monde.

Une naine blanche, rien que pour nous.

Les « poètes » du bord la contemplent, muets ; les « scientifiques » rêvent aux origines de la Terre.

Moi je me dis qu'il n'y a pas besoin d'aller sur Mars pour se sentir sur une autre planète.

Sur terre, partout où je passe, très exactement sous mes

pas, ville ou campagne, je peux me dire qu'il y a des millions d'années, sont passées des grosses bêtes disparues ; un peu plus récemment, les premiers hommes, puis quelques-uns de mes ancêtres ont foulé ce sol. La Terre n'est pas vierge.

Mais la mer, elle, est inchangée, c'est nous qui venons à elle. Nous n'avons rien à faire ici, nous ne sommes pas à notre place, c'est trop beau pour nous, trop pur.

C'est pour ça que nous restons humble et plein d'admiration, même quand elle est mauvaise, le prouve, et nous surprend avec une brutale déferlante, qui nous fait suffoquer comme un coup de poing dans le ventre, ciblé pour faire mal.

La vraie douleur nous fait comprendre le mal, la méchanceté.

Un simple point de côté fulgurant peut nous apprendre à quel point on est vulnérable. Il suffit à nous laisser pantois, à nous couper le souffle, effrayé de la force et de l'acuité de ce mal qui vient d'on ne sait où et qui nous laisse désarmés.

Alors, quand c'est la mer (ombrageuse, comme moi, c'est peut-être pour ça que je crois la comprendre) qui cogne, on dit qu'elle est déchaînée, méchante, cruelle, mais non, en y réfléchissant, elle est comme elle est depuis toujours, elle vit sa vie et on croit qu'elle nous en veut. Quelle prétention de notre part de croire qu'elle nous a remarqués !

Quand elle est dans tous ses états, on se dépêche de s'en aller, et c'est ce que nous faisons le plus vite possible. J'engrange de la beauté avant de remettre les pieds à terre. J'en aurai besoin, je le sais.

Notre périple doit paraître très dur de l'extérieur, mais il ne faut pas négliger les récompenses qu'on y trouve. La beauté du monde maritime, bien sûr, et aussi le plaisir de faire bien naviguer un bateau sont des consolations énormes face aux souffrances et aux humiliations que nous infligent la mer, les perturbations météorologiques, et les vents contraires.

Tout compte fait, nous gagnons au change.

Le lendemain matin, nous voyons un autre spectacle assez monumental :

TRANSMETTONS POSITIONS / PRÉSENCE D'ICEBERGS
VUS DE PRÈS / UNE DES GLACES A DÉJÀ CHAVIRÉ /
FORME DE CÔNE /
PASSÉS À 3 MILLES DU + GROS /
HAUTEUR CENT MÈTRES MINIMUM /
LONGUEUR / LARGEUR 300 OU 500 MÈTRES
PEUT-ÊTRE LE DOUBLE /
ON MANQUE D'ÉCHELLE /
MAIS C'EST UN DES PLUS HAUTS QUE J'AI VU / BRRRRRRRR /
RADIO IMPOSSIBLE 18 H DE VEILLE AUJOURD'HUI /
ÇA NE
M'ÉTONNE QU'À MOITIÉ
QUAND ON VOIT LE DÉLIRE DE RAYONS LUMINEUX
DANS LA NUIT ET CELA DEPUIS 3 NUITS
ON A L'IMPRESSION D'ÊTRE POURSUIVIS
PAR UN IMMENSE HALO COLORÉ DE FÊTE FORAINE
AVEC LASER DANS LES NUAGES /
C'EST BEAU ET ÇA ÉCLAIRE BIEN /
IL N'Y A PAS DE LUNE EN CE MOMENT
C'ÉTAIT LES NOUVELLES DU FRONT / VOILÀ VOILI //

Autre nouvelle. Aujourd'hui, nous avons eu une moyenne de 18,60 nœuds et avons parcouru 450 milles. Nous aurons rattrapé Peter Blake demain si on continue au même rythme. Voilà voili aussi.

Je me fends d'un télex au P.C. avec copie à un copain journaliste, qui a compris, depuis des années, ce vers quoi je tendais, ce que je voulais faire :

ICI C'EST BIEN PRENANT PHYSIQUEMENT ET MORALEMENT /
DORS PAS MUCHO /
UNE MANŒUVRE TOUTES LES 2 HEURES.
MAIS ÇA VAUT LE COUP /
C'EST TRÈS DUR MAIS ÇA COMMENCE À PAYER /
JE SUIS CONTENT
MAIS NOUS SOMMES DANS UN MONDE
DONT ON NE PEUT PAS APPRÉHENDER LA DURETÉ /

CHAQUE SECONDE DOIT ÊTRE CONSACRÉE
AU BATEAU ET À L'ÉQUIPAGE /
CE QUI ME PERMET DE TAPER EN CE MOMENT
C'EST QUE NOUS SOMMES
OBLIGÉS DE RALENTIR /
DANS L'INCAPACITÉ DE FAIRE ROUTE
ALORS QUE LES VENTS NOUS SONT FAVORABLES
SUD/SUD-EST VIRANT SUD/SUD-OUEST /
À CAUSE DE LA MER RÉSIDUELLE DE FACE
QUI EST MONSTRUEUSE /
LE RECORD PEUT SE JOUER À LA DESCENTE AU HORN :
SI LES DÉPRESSIONS SONT TROP NORD
ET QU'IL FAUT ESSAYER DE PASSER AVEC DES VENTS D'EST
EN CAS D'ARRIVÉE DE FURIE D'AUTOMNE
ON SERA OBLIGÉS DE S'ENFUIR
DANS LE NORD ET PERDRE TOUTES NOS CHANCES /
DONC : CHUT //

Nous venons de passer Enza.

On le bat de sept heures à peu près, mais ça risque de fluctuer bientôt car il se peut que nous soyons ralentis dans 48 heures en négociant une forte dépression d'origine tropicale qui va nous barrer la route.

Pour éviter le pire, nous devrons partir très nord ou très sud, et ni l'une ni l'autre de ces solutions ne sont satisfaisantes. Le Nord nous rallonge, le Sud est truffé de glaces.

Malgré tout, ni ce rendez-vous sous 48 heures ni la fatigue physique n'ont suscité chez nous de lassitude ou de monotonie. C'est l'océan, fort et grandiose. Des blocs surgissent çà et là, brutalement, droit devant, juste derrière, tout à côté, de vrais immeubles liquides qui se dressent et s'effondrent. C'est affolant ! La trouille nous gagne par moments car le Sud ne rate pas une occasion de nous rappeler que nous ne sommes pas les bienvenus. Tant pis ! On est sans-gêne. On reste ! J'espère qu'il ne se fâchera pas trop.

Nous sommes si optimistes que nous trouvons le temps d'être curieux :

SI QUELQU'UN PEUT NOUS RENSEIGNER
SUR LES PERTURBATIONS RADIO-ÉLECTRIQUES
DUES AUX AURORES BORÉALES, ÇA NOUS ÉCLAIRERAIT /
ON SAIT QUE ÇA NE PASSE PAS BIEN
MAIS ON AIMERAIT SAVOIR UN PEU POURQUOI.
Y A BIEN QUELQU'UN SUR LE NET QUI S'Y CONNAÎT. //

Comme souvent, les ennuis surgissent de là où on ne les attendait pas. Après que l'eau de mer a noyé le moteur et envahi la cale, le groupe électrogène a du mal à démarrer Yves a vidé le moteur, changé les bougies de préchauffage et refait le faisceau électrique. Cela dit, il démarre encore, mais c'est un peu l'angoisse car il tire sur les batteries de service qui sont presque à plat.

Bien sûr, par économie de poids, on n'a qu'une batterie de démarrage, et pas d'autre source d'énergie de secours pour recharger la batterie moteur. Yves signe ses messages – qui passent mal, pour tout arranger – « mechanical-stressed vroomvroom ». Sans humour, c'est vrai que par moments, il y a de quoi se foutre à l'eau. Mais sans énergie donc sans électronique ni communications ni routage, avec encore près de quinze jours de Sud à parcourir, par ce froid intense et ces nuits sans fin, l'humour risque d'être insuffisant.

Sans routage, il est suicidaire de descendre vers le Horn.

Au premier télex reçu du P.C. nous demandant où on est, je réponds que ce n'est pas le moment de venir nous emmerder avec ces histoires. L'important n'est pas de savoir si on est là ou là, mais si on va encore « être là » tout court dans les heures qui suivent.

Dans la rubrique « un malheur n'arrive jamais seul », depuis quelques heures, à proximité (relative) de la Tasmanie, les compas sont devenus fous à l'approche du pôle Sud magnétique, et donnent quelques difficultés supplémentaires aux barreurs qui n'ont plus de repère d'écart de cap quand le ciel est couvert. Et il l'est souvent.

En découvrant les télex échangés avec le P.C. et l'usine, je me rends compte que Yves et son quart ont mis près de trois jours à résoudre le problème du groupe, prenant tout le stress pour eux, en tâchant de minimiser les dégâts pour ne pas trop alarmer le reste du bord. Il leur était toutefois difficile de nous cacher complètement ces graves ennuis.

Yves remonte enfin de la cale, vainqueur, mais sans triomphalisme et lâche un laconique « C'est bon ». Comme s'il disait « c'est tiède » en parlant d'une moque de café jusque-là trop chaude.

ATT : LNO / BINGO ! / TOUT SEMBLE OK POUR LE MOTEUR /
MON POULS A REPRIS SON RYTHME NORMAL
C'EST-À-DIRE QUE JE RECOMMENCE
LENTEMENT À RESPIRER /
FINIE LA PRISE DE CHOUX ETCTEROUX/
MECHANICALLY-DESTRESSED VONVON

SI TOUT VA BIEN,
ON PASSE SUD TASMANIE AVANT MINUIT... MAIS LE RECORD
EST DÉJÀ À NOUS.
PAS UNE RAISON POUR NE PAS LE CASSER,
MAIS ÇA VA ÊTRE DUR /
EN 1994, ON MARCHAIT PRESQU'AUSSI VITE MAIS PLUS SUD /
À FOND DANS LES GRAVIERS /
OLIVIER //

A fond, car on aligne notre meilleure journée avec plus de 500 milles, mais à fond aussi dans d'autres ennuis. Ainsi, ce matin, une des lattes du haut de la grand-voile est tombée à l'eau, embout cassé. Nous avons pris trois ris et remplacé la latte et l'embout, puis consolidé tous les autres. On a perdu une bonne heure, soit au moins 20 milles. C'est rageant dès lors que chaque seconde compte. Enza avait pris une route très sud après le passage de la Tasmanie pour contourner un anticyclone. On a reperdu un peu de terrain – mais ce n'est pas le plus grave, on va le reprendre !

Le pire pour moi, est l'incertitude sur la fiabilité des transmissions télex avec Bob Rice, dont je ne peux pas parler à chaque page mais qui est présent à côté de moi à chaque seconde, surtout en ce moment.

RECORDS ET RECORDS D'ENNUIS

C'est vraiment une étrange navigation. D'un côté, des pépins sans arrêt, d'un autre une moyenne superbe et une bonne nouvelle qui arrive au moment où je commençais à avoir sérieusement un nœud à la gorge : *a*) les télex passent un peu mieux, et *b*) ils ont un contenu gratifiant – c'est déjà ça. Nous empochons deux nouveaux records que je réussis à confirmer au P.C. : Equateur-Tasmanie ainsi que Bonne-Espérance-Tasmanie. Télex ponctué d'un salut qui traduit bien notre fougue : SALUDOS A TODOS Y BESOS !

Le moral monte et descend vite, dans ce secteur.

Je ne croyais pas si bien dire. Soudain, on affronte un gros temps. Un moment sous grand-voile haute et gennaker de brise, l'instant d'après profil bas, deux ris trinquette :

> FLASH : CLAQUES DE VENT À 40-45 NŒUDS /
> MER TRÈS FORMÉE /
> BATEAU DIFFICILEMENT GOUVERNABLE /
> CLAQUES DE PAQUETS DE MER SUR LES BRAS /
> EAU BLANCHE EN QUASI-PERMANENCE SUR LE PONT /
> PRENONS UN DEUXIÈME RIS
> ET ENVOYONS LA TRINQUETTE /
> ENZA N'EST PLUS TRÈS LOIN //

Et ce qui nous attend après, c'est la forte dépression prévue dans notre Nord. Elle risque de nous coûter deux jours. Pas drôle ! On fait du yachting de haut niveau, mais dans le danger. On prend chaque vague comme si elle était unique – et tout ça non pour grappiller quelques secondes dans une régate de gentlemen avec pantalon blanc et blazer bleu – mais seulement pour garder au bateau le mât dans l'air et la coque dans l'eau.

Il est de plus en plus probable que je doive contourner la dépression par le nord. C'est une navigation assez intéressante, sans aucune évidence. Les options prises par Bob le sont à court terme, et la sanction est immédiate.

Notre parcours est décidément très différent de celui d'Enza. On verra bien au Horn ! Le bateau file, même s'il fatigue un peu, et le moral est bon. En attendant d'avoir à rallonger notre route, on gagne finalement 58,8 milles sur le temps d'Enza, et on met les bouchées doubles pour dépasser Blake chez lui, en Nouvelle-Zélande. Petit clin d'œil qui ne fait de mal à personne.

AVONS ENFIN DÉPASSÉ ENZA /
VRAIMENT HEUREUX /
ICI, CE N'EST PAS FACILE TOUS LES JOURS /
JAMAIS DE BREAK POUR PROFITER DE L'ENDROIT,
SE RENDRE COMPTE QUE L'ON VOYAGE /
LE BATEAU, LA VITESSE, LA SÉCURITÉ /
LA SÉCURITÉ, LA VITESSE, LE BATEAU /
ET ENCORE ET ENCORE ET ENCORE /
DES MANŒUVRES ET DES MANŒUVRES : DE QUOI ÉPUISER
DEUX ÉQUIPAGES COMME LE NÔTRE //

Heureusement, on est forcés de s'échapper un peu au nord, et les conditions s'améliorent instantanément. Mais provisoirement.

Le 40e Sud, à Cape Town, c'est la porte du plus grand désert du monde. Là, une fois doublé Stewart Island (longitude passée avec dix heures d'avance), nous devrons plonger pour le traverser, ce désert.

Bob Rice m'a confirmé que c'était ça ou faire une grande promenade autour de la dépression, la contourner complètement. Cette dépression n'est pas simple, et peut devenir violente. Bob est très ferme : je dois me jeter dans l'air glacé pour ne pas avoir le vent dans la gueule.

Et notre temps sur le Horn se joue ici. En un mot, si je passe au nord comme je le prévoyais, adieu le record.

J'aurai été prudent le plus longtemps possible. Le bateau allait vite, on avait une glisse d'enfer et on tenait les 18-19 nœuds de moyenne dans la journée, parfois 20 nœuds. Très souvent, on était à des 500-502 milles. Selon mes calculs, ça compensait le détour. On a même eu à un moment la satisfaction de dépasser notre concurrent virtuel, Enza, et d'établir deux nouveaux records (auxquels je n'accorde pas trop d'importance – j'ai d'autres soucis en tête...) équateur/Nouvelle-Zélande et Bonne-Espérance/Nouvelle-Zélande.

On est remonté jusqu'à 47° Sud, on a essayé de passer. Rien à faire ! On ne passait pas. Bloqués. Il aurait fallu remonter plus haut encore, jusqu'à 42° Sud de latitude. Trop haut. Trop long.

Il ne me restait donc qu'une option, traverser et descendre, aller à la glace, mais je ne l'aurais pas fait avec un autre que Bob. Nous en avions parlé ensemble à New York, ni lui ni moi ne voulions descendre.

En plus, le télex que je reçois de lui ce jour est suffisamment éloquent sur son angoisse au sujet de cette descente : *« I'm so sorry. I am so sorry »,* deux fois le mot *« sorry »* (« désolé ») est répété. Je sens que Bob ne veut pas y aller, moi non plus, mais c'est la seule solution. Alors je fais le bilan en essayant de ne rien oublier.

Nous avons fait notre devoir, nous avons essayé de passer au nord pour ne pas aller se faire massacrer dans le Sud.

En plus, nous étions contents. Mer à 10 degrés, eau à 10 degrés, c'était Rio ; tout ce qui ne fait pas de mal fait du bien. Pour un peu, nous nous serions cru en vacances. Nous finissions par nous dire que c'était nickel au fond cette dépression tropicale, presque confortable. Je commençais à m'endormir sur mes deux oreilles, en pensant que le point difficile de ce parcours resterait la courbe pour se diriger vers le Horn, où l'on risquait de se faire massacrer dans la descente si le temps était mauvais. Mais je trouvais toujours à me rassurer en disant « on verra bien quand on y sera ».

De toute façon, il y avait encore plein de milles à courir.

L'emmerde, c'est que nous y sommes, et nous y sommes maintenant. Je pensais avoir encore quelque 1 500, 2 000 milles de répit, je ne les ai pas, il faut descendre. Bob est for mel. Il n'y a aucune alternative, aucune négociation possible. Toute route Nord nous entraînerait beaucoup trop loin. Et donc, adieu le Trophée Jules Verne. En fait, à ce moment-là, la décision n'est pas bien compliquée à prendre : dans le Nord, c'est la fin du trophée et dans le Sud... on verra!

J'ai énormément de respect pour Bob Rice. En fait nous nous connaissons bien, très bien et en même temps très peu. En fait nous nous connaissons bien parce que nous avons couru l'un contre l'autre. Il était routeur d'Enza lorsque moi je courais contre Enza avec Lyonnaise des Eaux. Et en dépit de la barrière de la langue, nous arrivons à un niveau de complicité extraordinaire, lui et moi : il comprend tout ce que je lui dis, et je comprends tout ce qu'il me dit. C'est miraculeux, et en fait ça s'est fait assez vite.

Parfois, à bord, je suis obligé de relire un de ses télex trois ou quatre fois avant de le déchiffrer, et heureusement que ce n'est pas de la radio parce que je n'aurais pas eu forcément le temps de tout noter, mais je finis toujours par percevoir exactement ses nuances et ses hésitations. Et comme je l'ai vu naviguer à un très haut niveau avec Enza, je sais à quel moment il est exceptionnel ou moins bon, où et quand il peut douter. Et de même, je pense que Bob a une connaissance exacte de ma façon de réagir. Contre Enza, nous vivions en même temps par relevés interposés, mais là c'est irréel, c'est comme si nous vivions ensemble ce Tour du monde, sauf que nous nous parlons directement, par télex, nous savons exactement la sensation que l'autre a en fonction de l'évolution de la météo, de la forme de la mer, du temps qu'il fait, le tout très précisément, et puis cette notion très précise de « est-ce que le mouvement météo est en avance ou en retard? est-ce qu'il colle à la prévision, est-ce que la prévision doit être modifiée ou est-ce que... ? ». Et ça c'est extraordinaire. Pour ma part, je considère cette collaboration comme un plaisir – et c'en est un – et comme un honneur. Un honneur, parce que lorsque quelqu'un vous donne autant de son savoir, autant de son intelligence dans un projet, et autant de son travail, c'est un magnifique cadeau. C'est un virtuose, un soliste, qui accepte de faire partie de l'orchestre de mon bateau.

Pour moi c'est un vrai bonheur de capitaine mais, en attendant le bonheur risque d'avoir froid aux fesses parce que nous sommes en train de basculer la route vers le vrai dur, le vrai danger, le risque et la glace.

Nous allons à la glace. Un plongeon au 140.

Ce tournant excite les imaginations, et à terre on veut des précisions, spectaculaires de préférence :

ATT : BURO /
QUE VOULEZ-VOUS QUE RACONTE
UN MEC QUI SE RETROUVE
APRÈS DES MOIS DE BOULOT NON-STOP
QUAND IL MET PLUS DE ONZE JOURS
POUR ARRIVER À L'ÉQUATEUR POUR LA DEUXIÈME
FOIS EN DEUX MOIS ?
ESSAYEZ D'IMAGINER CE QUE C'EST
QUE DE COMMUNIQUER À PARTIR DE L'ENFER
DANS LEQUEL ON VIENT DE METTRE LES PIEDS
SANS SE PLAINDRE OU CRIER AU SECOURS /
BON COURAGE / OLIVIER //

En dépit du contenu de ce télex, nous nous débrouillons pas mal. Nos milles sont beaucoup plus efficaces que ceux d'Enza. L'équipage est impeccable ; je leur dis « on descend au sud », ils font ce qu'il y a à faire sans s'étonner ou poser de questions.

Ils restent calmes même quand passe sous nos yeux épatés un growler de 5-6 tonnes sans le moindre iceberg à l'horizon – alors qu'en général l'un ne va pas sans l'autre.

Les growlers ne sont rien d'autre que des morceaux d'icebergs qui se sont détachés pour aller vivre leur vie. Nous avons beau savoir que nous allons un peu dans un désert, qu'il n'y en aura pas des milliers, ça jette un froid, tout de même. Le growler fait beaucoup plus peur qu'un iceberg, car il est bien plus difficilement décelable. Pour ma part, ça m'est resté dans la tête jusqu'au Horn.

Le sang-froid de l'équipage n'est pas dû au hasard. C'est une bonne équipe, et Yves et moi nous avons déjà tourné un Tour du monde avec ce bateau, cette plate-forme, dans des conditions comparables. Mon regard sur ce Tour du monde est donc averti, et il faut vraiment que la météo et les conditions nous fassent une vraie saloperie pour que je sois étonné. Sur un bateau les étonnements du skipper se transmettent aux hommes et se transforment en inquiétude. S'il n'y a pas d'étonnements, il n'y aura pas de désarroi non plus. Il n'y en a pas eu jusqu'ici.

Je suis content de les avoir dans l'équipe. Ils ne bronchent pas et ne broncheront pas même si on entre dans du difficile. J'ai besoin de toute leur intelligence et de leur discipline. Si un seul d'entre nous hésite ou se trompe à un moment donné sur le repérage d'un iceberg, c'est l'abîme.

Je le leur dis franco, à ma manière : « Les mecs, jusqu'ici, on a joué petit. On va jouer le vrai Sud, là. On rentre dans la vraie aventure. On ne fait plus la course autour du monde, on va au vrai danger ! »

J'attends une remarque (que j'ignorerai), une objection (que je balayerai), un soupir (que je feindrai de ne pas avoir entendu) : rien. Ils sont déjà à la manœuvre.

Je dois reconnaître qu'on est arrivés à un niveau d'entente qui nous permet une qualité superbe et colossale de réglages, bien supérieure en tout cas à ce que font la plupart des grandes équipes connues.

Malgré nos différences d'approche, nos raisons diverses pour entreprendre ce Tour du monde, nous sommes tous si absorbés par cette course que l'organisme de chaque équipier s'est habitué, avec pour résultat (que j'attendais et espérais) que le bateau est devenu leur seconde nature, un prolongement de soi.

Nous sommes arrivés à faire un bateau de très grande qualité, donc une équipe de même valeur. Il ne faut pas avoir l'esprit tortueux : ça tourne bien, parce que j'ai des gens bien. Imprégnés par l'enjeu ou leur plaisir de courir. Je navigue maintenant avec une équipe très maritime qui sent le bateau comme jamais... Sport-Elec est devenu amusant et fin. Il peut gagner.

D'ailleurs, il le faut.

Ce trimaran ne pourrait pas faire un troisième essai de Tour du monde sans de coûteuses mises au point et réparations. Si j'échoue cette fois, qui me donnera l'argent pour le préparer et retenter l'aventure ? J'ai fait demi-tour à Cape Town en janvier malgré l'incompréhension et la déception de l'équipage – qui n'avait pas toutes les données. Moi je savais qu'il avait encore en lui la capacité de faire un Tour du monde avec 100 % de son potentiel : *un* Tour complet, pas deux. Si je ne réussis pas ce coup-ci, je perds... je perds beaucoup trop de choses pour vouloir en parler. Ce qu'on pardonne à un petit nouveau on ne le pardonnera pas à un vieux bagarreur comme moi, qui ai pourtant la réputation (justifiée, la fausse modestie est aussi bête que l'enflure) de ne pas casser beaucoup.

Je n'ai aucune envie de ramper à terre pendant des mois et des années pour chercher de l'argent et pouvoir repartir.

D'où ma satisfaction de voir aujourd'hui un équipage si affûté, prêt à foncer sans poser de questions. Et pourtant, on ne va pas n'importe où, ce n'est pas comme si on décidait de ne plus atterrir à Cape Town mais à Durban. On se dirige droit vers les glaces. Encore quelques heures, quelques jours de répit (mais est-ce du répit, l'attente de l'affrontement ?) et on y sera.

J'arrête de compter les milles qui me séparent d'Enza, parce que l'écart fait du Yo-Yo. Un jour il est devant, le lendemain, derrière. Ça n'a aucune importance pour moi. Je ne l'ai dit à personne mais je suis devant Enza depuis les Kerguelen. Vu de terre, pour les autres, je n'y suis pas. Or géographiquement, on est positionnés beaucoup mieux que lui depuis le cap de Bonne-Espérance : tout en haut, dès les Kerguelen, alors qu'il allait vite, on lui prenait des milles à tous les quarts, tranquillement. Il tournait à 44-46° Sud. On était à 52°. A vitesse égale, on lui grignotait du temps à chaque vague. Avec l'option choisie, on va continuer ce petit jeu.

Donc, je suis devant Enza, et je compte le rester.

QUELLE QUE SOIT NOTRE POSITION AU CAP HORN /
AVANCE OU RETARD,
C'EST LA REMONTÉE ÉQUATEUR-BREST QUI TRANCHERA /
GRAND POT-AU-NOIR / ALIZÉS FAIBLARDS /
JONCTION 25 NORD 35 NORD INCERTAINE /
(en gros de la latitude Sahara à la latitude Gibraltar)
VOIRE TRONC D'ARBRE IMMERGÉ (j'ai déjà donné),
CONTAINER (je connais aussi)
ET ENFIN ET SURTOUT LA POSITION
DE CE PUTAIN D'ANTICYCLONE / (des Açores
que j'ai pris la résolution de toujours
considérer comme malveillant ;
je l'ai intégré comme un handicap
permanent inévitable et personnel)
ÇA, C'EST LA VUE À LONG TERME /
DANS L'IMMÉDIAT MANŒUVRES
MANŒUVRES ET ENCORE MANŒUVRES /
RÉGLAGES ET VÉRIFICATIONS,
VÉRIFICATIONS ET RÉGLAGES /
VOILÀ LE QUOTIDIEN //

Je veux arriver au cap Horn en bon état. En fait maintenant, il faut encore plus gérer la course. Je sais qu'il faut tirer sur le bateau mais pas trop. Et en plus du métier de capitaine et d'entraîneur, faire aussi celui d'ingénieur. Les hommes doivent bien se mettre dans la tête que ça ne sert à rien, à partir du moment où nous sommes en tête, où nous pouvons assumer une vitesse, ça ne sert à rien de partir en surf à 28 nœuds, même si c'est amusant, même si c'est drôle, même si c'est une façon de naviguer passionnante. A partir de maintenant, il va falloir qu'on ait un jeu très tactique et, en fait, sage. Nous sommes passés devant Enza et il faut qu'on y reste.

C'est assez difficile d'expliquer ça à un équipage qu'on bouscule pour qu'il aille toujours plus vite dans les manœuvres, pour qu'il ne soit jamais en retard, pour que tout soit impeccablement exécuté, pour que l'homme à la barre soit très concentré. Mais je sais ce que coûte la vitesse en usure, sur Sport-Elec. C'est très simple : 18 nœuds, on les atteint vite ; 18-21 nœuds, c'est en général encore facile. 21-23 nœuds, on sent qu'on commence à tirer sur le bateau parce qu'en général aussi, on a un état de mer qui commence à se former. Et les 23-27 nœuds, quand on part dans une certaine forme de surf – vitesse qu'on n'obtient normalement que dans des mers relativement formées et à condition de bien descendre dans le sens de la vague – c'est là qu'on risque d'abîmer du matériel si, pour une raison ou pour une autre, on fait une erreur de barre, ou s'il y a une rupture du matériel qui se produit, soit des chocs, des drosses de barre, soit... toute autre inattention d'un homme d'équipage.

Et là j'ai un sale métier qui est d'obliger à aller vite parfois et d'obliger à ralentir plus souvent. C'est-à-dire qu'il y a des moments où je ne veux pas qu'on continue de tourner à 27 nœuds alors que nous le pourrions très bien, parce que je sais que le matériel s'use. La croissance d'usure, elle est presque géométrique et ce qui m'intéresse, moi, c'est que le quart fasse 21 nœuds, que le suivant en fasse autant et le quart d'après fasse de même. Même si ça semble illogique parce qu'on est moins rapide qu'on pourrait l'être.

À la limite, pour gérer tout ça à peu près, je mène le bateau à mon rythme. Si j'ai vraiment la forme, nous attaquons comme des bêtes. Si je suis crevé, je m'arrange pour qu'on n'avance pas trop vite puisque si je sens que je commence à fatiguer, eh bien je me dis que le bateau doit fatiguer aussi. Et c'est un peu comme ça que je mène le bateau. Quand on en fait l'analyse à posteriori on se dit « on aurait peut-être pu aller plus vite », mais le problème c'est que derrière « on aurait pu », il y a toujours un énorme « peut-être ».

Parce que nous n'avons pas les moyens réels de mesurer

nos usures, de les calculer, nous avons anticipé beaucoup sur la marche du bateau. Nous savons qu'une drisse va tenir 35 000 milles, et ainsi de suite. Mais nous n'avons pas la mesure, comme en aviation ou en automobile, où on change la pièce au bout de tant de cycles mesurés avec précision – et nous n'avions pas l'argent pour changer la pièce non plus. Donc ma décision elle est comme ça. Point final.

ATT : VOUZOT !
AMUSEZ-VOUS VOUS QUI NAVÉ KESSA À FAIRE /
PENDANT CE TEMPS
SUR LA SOMBRE ET FROIDE NUIT OCÉANE ET HOSTILE
DES HOMMES PÉTRIFIÉS, GELÉS,
BARRENT CHAQUE VAGUE
POUR VOUS PERMETTRE D'ALLER VOUS GOBERGER /
DANS DES RESTAURANTS DE LUXE OÙ VOUS DÉPENSEZ
EN UN SOIR DE DÉBAUCHE
CE QU'AVEC TANT DE SOUFFRANCES
ILS NE GAGNENT PAS EN UN AN /
ALLEZ PERVERS LIBIDINEUX, ÉPICURIENS ÉGOÏSTES
VAUTREZ-VOUS DANS LA FANGE ET LA GOINFRERIE //

Gainette et Bothuon ne me posent pas de problème et font exactement ce que je ferais à leur place. Vu l'état de la mer, ils sont obligés de taper un peu pour tenir la route correctement. Alors, si au lieu de taper cinq fois ils réussissent à ne taper que deux fois, c'est qu'ils s'appliquent. C'est bon pour eux, donc pour moi et pour le bateau.

L'incroyable avec Gainette, c'est que j'ai découvert qu'il était miro au point de ne pas voir les instruments placés à un mètre devant la barre. Il barrait au feeling, la peau de ses joues servant de penon, plus précise qu'une girouette électronique.

Barrer demande du talent, chaque vague à négocier est un peu une création. Les hommes sont contents – et j'aime les voir contents. Que demander de plus ?

Ça marcherait pas mal, s'il y avait plus de vent... Sous grand-voile et gennaker, la philosophie du jour est celle-ci : mieux vaut 13,5 nœuds au portant sur la route de l'orthodromie (la route la plus directe) dans une mer praticable, même sans grand vent, que 4-8 nœuds à rebrousse-poils dans une furie de temps sur une mer à tout casser, puisqu'il s'agit ni plus ni moins que d'éviter un ouragan prévu lundi.

Maigre consolation, car l'équipage est crispé, dans l'attente de l'évolution des prévisions ; mais « car podium », comme on disait en classe de latin, à chaque jour suffit sa peine.

Cette mer qui pour l'instant joue l'endormie nous fait travailler plus qu'un petit gros temps. Tout ce qu'on trouve le temps d'écrire au P.C. se résume à quelques mots uniquement destinés à montrer que nous sommes encore vivants et à flot :

> YTROUV RIENNA DIR / NOUSOT MECHOR COMER Y BEBER Y DORMIR
> C'EST LE PROGRAMME ET YAPA D'ENTRACTE //

La mer ne joue pas l'endormie, elle l'est. Pas terrible, le Pacifique entre la calmouille et l'attente, le chemin du cap Horn risque d'être long. Il n'y a pas en ce moment de flux d'ouest structuré. Des dépressions créent du vent de l'Est partout en ce moment où nous essayons, comme toujours dans ce métier, de gagner Sud *et* Est en même temps.

LE SUD DU SUD : L'ENVOÛTEMENT

Demain, nous serons 55° Sud, et il fait déjà de plus en plus nuit. Nous avons hâte de revoir la tête qu'a le soleil. Sinon, ça va bien, le bateau est encore en bon état, excepté le fait qu'il n'y a plus un micron d'antifouling sur la carène – mais ici, ça ne fait rien, on risque peu d'être parasité par des anatifes, ces pestes des mers chaudes. On voit les retouches d'enduit. C'est comme si le bateau avait été sablé ! Quelques points d'usure sur les voiles, ragages qu'on répare avec les moyens du bord, donc du Sikaflex. Ça devrait tenir encore un peu.

Plus embêtant, une saloperie d'algue est coincée dans le safran : impossible de la déloger sans plonger, donc sans arrêter le bateau – et bien sûr il n'en est pas question. C'est d'ailleurs sans conséquence réelle sur la vitesse, elle provoque seulement une petite vibration pas très agréable ; en plus, je parie avec Yves qu'elle se sectionnera toute seule.

Quant à la radio, c'est toujours un exploit lorsqu'on réussit à passer. Tant pis, on fera avec ce qu'on a, et du moment que j'ai mes télex avec Bob Rice... Lequel se manifeste en même temps que le vent mais en apportant aussi une nouvelle qui jette un froid : Bob ne prend pas le temps de se réjouir des 100 milles que nous venons de reprendre à Enza, et nous signale que, dès à présent, il faut faire très attention aux glaces.

Branle-bas de combat à bord, c'est comme si on avait

annoncé l'arrivée du diable. Je mets aussitôt un homme à la barre, un autre sur le flotteur au vent avec le système de vision nocturne, et un autre au radar, par rotation d'une heure. Ce rythme est épuisant pour les nerfs, mais il est inévitable. Quand les trois hommes de repos, en bas, entendent une manœuvre précipitée, ils ressentent le même stress que ceux qui sont sur le pont. On ne dort pas bien dans une voiture de rallye, et nous, ce n'est pas le fossé qui nous attend.

J'ai gagné mon pari. L'algue est partie. Pas folle !

Toute cette glace devant nous (au singulier, c'est plus rassurant), sur une route avalée à 20 nœuds, c'est le *Salaire de la peur* version maritime et démesurée.

Heureusement, je n'ai pas besoin de dire deux fois les choses, de demander deux fois le cap. Tous sont aux aguets, et permutent leur rôle toutes les heures, pour rester affûtés.

Exigeant de la vigilance, je suis vigilant moi-même. Je dors peu à terre, mais sur le bateau je somnole rarement plus de trois heures. C'est plus fort que moi, je veux avoir l'œil à tout bien que je ressente une vraie concentration de toute l'équipe. C'est idiot, mais je suis ainsi fait, il m'est impossible de me reposer quand je suis sous pression. Maintenant, le risque est omniprésent, donc je le suis aussi. C'est simple. La bagarre avec Enza est relancée, mais elle tourne un peu à la roulette russe.

Dans une course, lorsqu'il fait mauvais, il fait mauvais pour tous. Là, en revanche, il fait mauvais pour nous seuls, et chaque seconde compte.

Pour tout arranger, nous subissons un système météo complexe, nous interdisant des prévisions à plus de 24 heures, ce qui nous oblige à ralentir. Des dépressions nous coincent devant et de part et d'autre du bateau, alors qu'une autre, très puissante, fonce sur nous.

On avance prudemment, c'est du pilotage à vue, dans les deux sens du terme, à la fois pour la météo et surtout pour les icebergs. Si le jour on les voit de loin – même la nuit on peut les discerner à force d'attention et d'une veille sans faille – leurs petits cousins les growlers se détectent en revanche souvent à la dernière minute. Le growler est la hantise du veilleur.

Le rythme des télex envoyés témoigne de notre état d'esprit :

ATT : LNO & LEZAUTRES / ON A L'IMPRESSION DE DESCENDRE
SUR LA POINTE DES PIEDS /
J'AIME BIEN LE SUD MAIS PAS TROP LE SUD DU SUD /
L'ENSEMBLE DES CARTES NE VA PAS PLUS LOIN QUE 60 SUD ET NOUS Y SERONS À L'AUBE /
LES NUITS SONT LONGUES / VEILLE RADAR PERMANENTE /
L'ŒIL SUR LE THERMOMÈTRE DE TEMPÉRATURE D'EAU /
POUR L'INSTANT ÇA VA
MAIS JE REDOUTE LES DESCENTES À 1° /
À CHAQUE FOIS C'EST LE MÊME STRESS /
COURANT OU GLACE /
J'AI DE TROP MAUVAIS SOUVENIRS DE CHARAL
DÉCHIRÉ JUSQU'AU BRAS / LA MER EST PLATE,
LE BATEAU GLISSE SANS BRUIT
ENTRE 18 ET 20 NŒUDS – C'EST DU BON MILLE /
PAS SIMPLE DE GAGNER LE HORN
AVEC CES DÉPRESSIONS QUI PASSENT SI NORD / IL VA FALLOIR JOUER SERRÉ
POUR L'INSTANT ON EST TRANQUILLES /
PAS DE VOISINS DISCOURTOIS
L'OCÉAN LUI SEUL ET C'EST BIEN /
C'EST UNE AFFAIRE ENTRE LUI ET NOUS //

Pour dédramatiser, sans doute, je me surprends à envoyer dans la foulée ce télex, peut-être parce que c'est une femme qui « est de quart » au P.C. et qu'une femme, ici, en imagination, c'est la chaleur et la tendresse... :

À LA DEMOISELLE DE SERVICE / SÉKOITONNOM DÉJÀ ?
SI J'AURAIS PENSÉ QUE T'ÉTAIS AU BURO À CETTE HEURE-LÀ / C'EST À TOI QUE J'AURAIS ÉCRIT DES MOTS DE L'AMOUR /
OÙ L'ON PARLE DE TOUJOURS
ET DE CHÉRIE OU D'ADORÉE QUI SENT SI BON /
ET QUI A UN GOÛT DE MIEL,
LE TOUT NAPPÉ DE BAISERS À PERDRE L'HALEINE /
DE CARESSES TROUBLANTES ET INTIMES
QUI DONNENT LA CHAIR DE POULE /
SANS OUBLIER LES ÉTREINTES PASSIONNÉES
OU LE GALBE DE LA CUISSE...
LA PROCHAINE FOIS J'ÉCOUTERAI À LA PORTE
COMME CELA JE SAURAI KIKELA /
BISES //
PS : FAIS PAS ATTENTION, C'EST PASKIFAIFROID,
PARLER D'AMOUR
ÇA ME RÉCHAUFFE /
PASSONS AUX CHOSES SÉRIEUSES / SAVEZ-VOUS, CHÈRE AMIE, QU'EN CAS DE CHASSE, COMME MAINTENANT, MONSIEUR BOB RICE REÇOIT NOS DONNÉES TOUTES LES HEURES ?
LA TABLE À CARTES ET LE BUREAU DE POSTE
SONT FORT OCCUPÉS EN CE MOMENT
PAR UN MONSIEUR QUI NOUS INDIQUE LA ROUTE À SUIVRE POUR SURVIVRE,
SI BIEN QUE NE M'EN VEUILLEZ PAS
SI D'ICI LE HORN,
JE MANQUE À MON POULET DE MIDI /
AMICALAMENTOS Y ETCETEROS //

Nous n'avons pas réussi à faire de radio cette nuit. On tire bien sur la machine, sur nous aussi ; dès que ça se calmera un peu, je tenterai la radio de nouveau. La prochaine fois, il faudra un téléphone, les liaisons radio demandent trop de temps (moi ! un téléphone ! qu'est-ce qu'il m'arrive ?)

Air moins 3 degrés, eau moins 2 degrés, nous ne courons pas le risque de nous endormir à la barre : fatigue des yeux fixés sur le radar et dans les lunettes infrarouges, tension constante, stress fluctuant selon qu'on risque ou non de mergiturer.

L'équipage tient bien le coup, dans ces circonstances.

Je ne peux penser sans une forte émotion à celui de Lyonnaise, misérable d'épuisement, les cirés déchirés, la gueule bouffie de froid, de fatigue, et aujourd'hui dans le même contexte, je suis soudain fier de ce que nous avons fait à cinq, et heureux de l'avoir fait.

Des images défilent. Je m'ébroue. Je les reverrai plus tard.

Drôle de machine, l'homme, qui peut choisir l'instant où il rêvera.

Près de 500 milles parcourus en 24 heures, et nous sommes à nouveau devant Enza.

C'est hallucinant, parfois on a l'impression qu'il est vraiment là derrière nous. Puis on se rend compte qu'on est seul, loin de tout, au milieu de la plus grande étendue déserte du monde. Et dans un champ de mines, ou plutôt d'icebergs.

Il y a les anxieux, et les autres. Pour Hervé Jan, par exemple, on naviguerait sous les falaises ensoleillées de Montego Bay, en Jamaïque, ce serait la même chose. Il ne se pose pas de questions quand il va à sa bannette. Il dort. Il fait confiance aux autres parce que pour lui, il n'y a pas de dingue suicidaire à bord. Personne n'a envie de se retrouver en slip sur un glaçon.

DEVINETTE : C'EST MIDI OU MINUIT ?
NI L'UN NI L'AUTRE /
ET EN PLUS Y A PLEIN DE MIKO PARTOUT /
ÇA DOIT ÊTRE TRÈS JOLI,
MAIS ILS N'ONT PAS ALLUMÉ LES LUMIÈRES À L'ENTRACTE /

À TRÈS BIENTÔT ?/
LE POINT D'INTERROGATION EST DESTINÉ À VOUS
ARRACHER UN PEU DE COMPASSION //

Le point d'interrogation va se révéler justifié, en fait, car on est à présent en plein cauchemar. Toutes les heures environ, nous croisons un iceberg de la taille d'un immeuble. C'est effrayant. Et on ne sait pas si on ne va pas prendre du mauvais temps en plus. On guette les growlers éparpillés, presque invisibles mais indubitablement présents, tous les icebergs en sèment... mais où ? à droite ? à gauche ? *devant* ?

Un cauchemar... Et là, l'homme ne choisit rien du tout.

Durant ces jours de glace, nous slalomons entre les icebergs : impossible de remonter au nord (en raison des vents contraires qui sont d'est en ce moment) vers des latitudes plus clémentes.

Nous sommes à 1 700 milles du cap Horn. On peut les faire en quatre jours comme en huit. Tout est incertain sur le plan météorologique dans cette zone où il y a peu de demandes d'informations. Qui viendrait ici pour le plaisir ? Les gros dormeurs, peut-être, car les nuits durent 14 à 15 heures. Ça commence à faire beaucoup, d'autant plus que dans la journée le soleil se devine à peine sous les nuages et la brume.

ATT : LNO /
TU DEVRAIS ÊTRE LÀ /
BESOIN D'UNE PAIRE DE BRAS
ET DES YEUX SUPPLÉMENTAIRES /
TROIS HOMMES EN MÊME TEMPS :
UN BARRE, UN AUTRE, VEILLE RADAR,
TROISIÈME SUR FLOTTEUR
AU NIVEAU DE L'ANCRAGE DES HAUBANS /
ILS CHANGENT DE POSTE TOUTES LES HEURES
ET SONT RELAYÉS PAR L'AUTRE QUART
TOUTES LES 6 HEURES /

ET ÇA CONTINUE SANS FIN /
SANS LASSITUDE NON PLUS /
ON PROGRESSE
ET C'EST DE LOIN LE PLUS IMPORTANT //

Par moments, je crois voir une glace à chaque vague. Le Fur aussi, qui se croit abandonné, tout seul sur son flotteur. Il écarquille les yeux, se les frotte, se secoue à cause du froid, réprime souvent des cris d'alarme. Il est sujet aux mêmes hallucinations que moi. Tout est blanc. Les crêtes des vagues ressemblent à des growlers. Il faut un moment pour s'y habituer.

Dans la nuit, on se dit : « Merde ! En voilà un ! » Erreur ! Une fois, deux fois, ça marche et, à la fin, on dit : « Non, c'est encore une vague. » Et ouf ! c'en est vraiment une. Mais tant qu'elle n'est pas passée sous la coque, on n'en est pas sûr. Et c'est comme ça pendant des heures.

Le malheur, c'est que l'équipier qui se gèle sur le flotteur au vent est assez loin du barreur qui a le destin du bateau en main. Même si le veilleur aperçoit une glace à temps, il lui faut se retourner vers le barreur pour lui crier de lofer ou d'abattre. En supposant que celui-ci l'ait entendu, il est possible qu'il réussisse à éviter le choc frontal et sauve la coque centrale mais, avec la vitesse acquise, le flotteur en prendra un coup de toute façon.

Au mieux.

Les hommes de quart sur le flotteur sont sceptiques sur l'efficacité de ces veilles, mais tous comprennent qu'on ne peut pourtant pas s'en passer et voguer à l'aveuglette. On se fera peut-être râper un flotteur, mais au moins on évitera d'éventrer la coque centrale et de noyer le bateau, petit *Titanic* à voiles mais sans orchestre.

Ne nous plaignons pas ! Je nous trouve chanceux. C'est la pleine lune. Un don du ciel, littéralement, car on s'habitue mal aux jumelles de vision nocturne que j'espérais plus efficaces. Elles teintent tout en vert. La mer l'est déjà, verte, et grise ; les icebergs le sont aussi à certaines heures : blancs, blanc-bleu, ou blanc-vert pâle. On compte sur le veilleur au radar pour nous éviter les gros blocs, en réalité. Le reste, c'est juste histoire d'aider la chance.

J'ai les nerfs à vif. Je ne suis pas le seul, mais c'est moi qui dors à côté de tout le bazar des transmissions, et dès qu'un télex crépite je sursaute et saute... pour rien, pour des trucs du genre « ça va le moral ? ».

Oui merci ! il allait bien quand je dormais !

Avec deux doigts, je tape à toute vitesse sans ménager le clavier :

NON NON NON NON ET NON /
ENVOYEZ TOUT LE COURRIER NON PROFESSIONNEL
LE SAMEDI ET PAS QUAND ÇA VOUS PREND /
JE N'AI PAS ENVIE ALORS QUE JE DORS ENFIN DEPUIS 15 MINUTES
DE ME RELEVER POUR LIRE DES NIAISERIES
MÊME CHARMANTES /
J'AI DÉCIDÉ : LE SAMEDI POUR N'AVOIR LA VIE POURRIE
QU'UN JOUR PAR SEMAINE /
BISES QUAND MÊME //

Dès que l'on est debout sur le pont, malgré le froid, l'onglée, les yeux embués, on est heureux. On est ici, dans cet univers ultime où passe le Tour du monde. On ne peut pas aller plus loin. Heureux, mais en même temps, on croit impossible de souffrir plus que ce que l'on souffre. Marc, par exemple, par moments je le surveille en douce, je le sens presque, je dis « presque » seulement, au point de rupture. Le plus dur, pour lui, c'est quand il est tout seul, au froid et à l'humidité. On se croit vite abandonné et seul au monde, dans ces cas-là. J'ai le souvenir de l'avoir vu se taper une demi-heure dans les mains pour se réchauffer, sans se plaindre, et croyant n'être pas vu.

C'est un monde magique, que l'on contourne. Quand on réussit à faire du bon bateau, c'est sur une mer de science-fiction, une planète en soi. C'est extraordinaire ! De la grâce ! Ce sont des séquences d'émotion et de bonheur forts et qui arrivent au quotidien, plusieurs fois par jour. L'homme à la barre est alors un roi. Il vit peut-être dix, vingt printemps, durant ses quarts. Le monde est à lui. Il est dans un royaume enchanté, où tout est harmonie. Le bateau ne cogne pas, chaque lame est bien anticipée, bien prise, bien étalée. L'étrave trace une belle route, le sillage le confirme. Etre à la barre dans un bateau qui marche, vrombit, c'est la grâce pure. Et toutes ces émotions se vivent sur un bateau qui vit et vibre. On aime. Qui n'aimerait pas ? Nous ne donnerions pas notre place pour une fortune.

Parfois, déjà lors de notre Tour précédent, sur la même longueur d'ondes avec Yves, on faisait du joli bateau droit devant. Même quand il n'y avait pas beaucoup de vent, à certains moments on se disait : « Qui ferait mieux que nous ? » On savait qu'on faisait bien, c'était là l'important.

Voilà ce que je retiens : même quand on a des misères et que ça marche moins bien, ou mal, c'est toujours dans un décor sublime.

PARFOIS JE ME DIS / DEMAIN ON LÈVE LE PIED /
PUIS NOUS REGARDONS LES POSITIONS D'ENZA ET DE LA NÔTRE
ET ÇA REPART DE PLUS BELLE /
IL FAUT RECONNAÎTRE QUE COURIR COMME CELA
PENDANT DES MOIS
C'EST MAGNIFIQUE À FAIRE /
ÉVIDEMMENT LE TEMPS DE RIEN FAIRE D'AUTRE
SAUF PARFOIS AVANT DE TROUVER LE SOMMEIL
JE VOIS L'UN OU L'AUTRE QUI SORT UN BOUQUIN
POUR S'ÉVADER ILS N'ONT PAS TORT /
JE LE FAIS AUSSI MAIS ÇA NE MARCHE PAS TOUJOURS
ET TOUT CELA QUI PARAÎT TRÈS DUR
PHYSIQUE, VIOLENT MÊME ET QUI L'EST
ÇA CRÉE DES MOMENTS DE BONHEUR INTENSE

PARCE QUE LE BATEAU ET L'OCÉAN SAVENT PARFOIS RENDRE CE QU'ON LEUR DONNE / MERCI //

Cette mer du bout du monde, le Sud, cette pureté unique au monde, c'est là qu'est l'âme vierge et tourmentée de la Terre. On est fascinés, ensorcelés. Nous sommes sous l'effet d'une hypnose collective.

J'ai un pressentiment, je commence à me méfier.

J'aperçois Thomas Coville qui reste sur le pont à contempler le spectacle, parmi les glaces, sacrifiant une heure de son repos. Je n'ai pas le cœur de lui dire d'aller dormir. C'est si rare, dans ces eaux-là, de voir un soleil si beau se lever, flotter sur l'horizon.

Il n'a jamais failli à la tâche, il fait bien son boulot, et s'il trouve sa récompense dans cette contemplation, il faudrait que je sois borné pour le tirer de son ravissement.

Il fait nuit seize, dix-sept, dix-huit heures par jour, et de telles occasions sont rares.

Ici, on prend une heure et quart de décalage horaire par vingt-quatre heures, on ne sait plus où on est, on change de pays tous les jours. On ignore, quand on se réveille, s'il fait jour ou nuit. C'est un voyage où tout change à vue d'œil : ici, un grandiose nuage rose. On tourne la tête et, là, des murs de brume bleue qui semblent s'écarter pour nous. Devant, un long trait vaguement rougeâtre sur la mer vient jusqu'à nous : le reflet du soleil.

Et les étoiles. Elles sont des milliers, à l'œil nu.

On est à part, privilégiés. Et on a la gorge serrée parce qu'on sait, déjà, que seuls les yeux qui ont vu ces beautés peuvent soupçonner qu'elles existent.

C'est une grâce, une chance, un privilège inouï, de voir des choses si fabuleuses. Partout où je tourne la tête je ne vois que du grand et du beau, du majestueux sous toutes ses formes.

C'est sidérant.

Le risque, c'est d'être grisé, et c'est exactement ce qui nous arrive.

Je reviens sur terre juste à temps – non sans regret, mais non sans chance aussi : plus de vingt heures de veille par jour auraient pu m'ôter toute lucidité.

POSITION 59.35° S – 131.18° O
DE LA GLACE À TRIBORD, À BÂBORD, DEVANT, DERRIÈRE/
DEVONS RÉDUIRE LA VITESSE /
AVEC LA TENSION NERVEUSE LA FATIGUE S'ACCUMULE /
ON RÉSISTE MOINS BIEN AU FROID,
À LA MER À 1 DEGRÉ QUI T'ARRIVE DANS LA GUEULE /
MAIS NOUS SOMMES DEVANT ENZA
ALORS ÇA VAUT LE COUP //

On est arrivés à 60-61° Sud, presque sans nous en rendre compte. On monte à 61°. Bob m'enjoint de ne pas rester là. Je m'étonne pour la forme, parce que je ressens un petit malaise : que l'on soit à 59° ou 61°, ce n'est pas pareil? Le risque est le même!

Discussion de marchand de tapis avec Bob. Non, ce n'est pas vrai. A 61° Sud, l'eau est à 2 degrés et à 59° l'eau est à plus 3 : statistiquement, tout morceau de glace qui est dans l'eau à 3 degrés fond deux fois plus vite que celui qui est dans de l'eau à 2 degrés, autrement dit on a beaucoup plus de chance d'avoir de la glace à 61° Sud qu'à 59°.

Donc on remonte? « Vous remontez! »

Bob Rice est de tous les routeurs de grande classe celui qui a le plus d'informations de haut niveau sur ces contrées-là.

Il y a des fois où je sais ne pas discuter.

Je crois qu'on a frôlé le danger d'un peu trop près. Mon œil accroche un message de soutien punaisé dans le carré, qui m'a fait chaud au cœur quand je l'ai reçu :

From America One
Nous suivons depuis San Francisco vos exploits au jour le jour! A voir les cartes isobariques autour du pôle, on imagine la difficulté et la complexité des choix! J'ai parlé à Bob Rice ce matin

et j'ai l'impression qu'il attache beaucoup d'importance dans le fait que le trimaran soit aussi rapide et arrive à gérer les systèmes météo sur sa route.

Pour les Kiwis, c'est dur : non seulement on leur a aplati la Coupe à coup de marteau mais maintenant le record qui les a fait pairs du royaume est menacé !

Toute l'équipe America One *et les membres du* Saint Francis Yacht Club *se joignent à moi pour vous exprimer leur admiration*

pour le travail de marin et de coureur que vous êtes en train d'accomplir et vous remercient de leur permettre de vivre un peu de votre grande aventure...

Laurent Esquier et Paul Cayard.

L'EMPIRE DE L'HIVER

Nous sommes réellement entourés de glace. Hier, avant-hier, je ne sais plus, j'ai cru que c'était juste une petite nébuleuse blanche à traverser, mais non, on va droit vers une prison de glaces, une galaxie d'icebergs. Si elle se referme sur nous, c'est la fin. Le trou noir.

Je demande à Bob la limite maximum Nord autorisée, et décide d'y rester plaqué. On se recale à 59° Sud.

OBLIGÉS DE REMONTER NORD
IL Y A DE LA GLACE PARTOUT /
NOUS VENONS DE FAIRE 6 HEURES DE ROUTE AU 35
POUR METTRE UN PEU DE DISTANCE
ENTRE 60S ET NOUS /
SANS REGRET / LA NUIT CE SLALOM EST TROP DANGEREUX
AU RADAR AVEC LA MER
ON NE PREND PAS LES PETITS À PLUS 4 MILLES /
QUAND ON LES PREND / QUANT AUX GROWLERS
IL FAUT SUPPOSER LEURS POSITIONS /
TROIS HOMMES DE QUART NE SONT PAS DE TROP /
JE REMPLACE TANTÔT L'UN TANTÔT L'AUTRE /
ÇA ME FAIT 14 HEURES DE QUART D'AFFILÉE / MAIS AINSI À QUATRE
NOUS POUVONS ASSUMER N'IMPORTE QUEL ROULEMENT
DE GENNAKER OU EMPANNAGE TRÈS VITE /

CE RYTHME EST ÉPUISANT POUR LES NERFS
ET ÇA SE RESSENT DANS LA VIE DU BORD /
FATIGUE ET PAR MOMENTS SURAGRESSIVITÉ //

Car l'équipage, sans faire la gueule, n'est pas franchement heureux. Il était content d'avancer, les yeux sur les positions d'Enza que nous devancions.

Quand j'annonçais que nous augmentions notre avance, leurs regards brillaient.

Naviguer dans le Sud, quand ça se passe bien, c'est le bonheur, il y a toujours du vent. Ce sont des moments privilégiés. Une fois trouvé le bon courant d'air, le bateau, qui avance avec facilité, en osmose avec la mer. Ça glisse ! Quel plaisir d'être toujours bien dans la vague et d'avancer ainsi... Parfois la mer permet au bateau de faire de longs surfs, et c'est tout juste si on n'entend pas des « Ouaiiiiiis ! » de plaisir.

Et maintenant, on remonte au nord ? Mais la route sera plus longue ! Nous allons perdre toute notre avance ! Enza, lui, continuait à gagner du mille en restant sud !

C'est comme ça.

La météo est avec nous, mais les glaces, non. Donc on remonte.

Point final.

Six degrés, c'est la température de l'eau affichée sur le répétiteur du thermomètre dans le carré de Sport-Elec. Ces 6 degrés font notre soulagement sinon notre bonheur. Ils signifient que le danger est presque écarté. Ce danger, en tout cas, pas les autres.

APPROCHE DU HORN SOUS GRAINS DE NEIGE /
IL FAIT MOINS JE SAIS PAS QUOI /
LE THERMOMÈTRE EST OFF / MAIS LE VENT EN
DIRECT DU PÔLE GLACIAL SUR LE BORD
L'ATMOSPHÈRE REDEVIENT BONNE

L'IDÉE DE TOURNER BIENTÔT À GAUCHE VERS ATLANTIQUE
NOUS RÉJOUIT TOUS / LA FATIGUE SE FAIT PLUS LÉGÈRE
EN ENFILANT LES CIRÉS TREMPÉS /
RADIO IMPOSSIBLE JE FAIS LA VEILLE CHAQUE HEURE LA NUIT
ET L'ON N'ENTEND AUCUNE STATION
OU ALORS TRÈS PEU DE TEMPS
PAS BEAUCOUP DE NOUVELLES
ON S'EN FOUT ON A ASSEZ À FAIRE ICI /
PRIS DANS CETTE SPIRALE INFERNALE DU RECORD /
INFERNAL... MAIS BIEN
MARRANT QUAND MÊME //

Après notre fuite, car c'en était une, et après avoir fait un peu de nord-est, le bateau a repris une allure soutenue. Nous allons rencontrer du temps à grains sous peu, mais d'ores et déjà, nous ne pensons plus qu'à une chose : le cap Horn. Si nous maintenons notre cadence actuelle, on devrait pénétrer dans l'Atlantique et dire adieu aux glaçons la nuit prochaine, le 23 avril.

Soit avec près de deux jours d'avance sur Enza, qui a eu bien du mal à virer le Horn, en 94.

Du coup, la fatigue se fait plus légère, moins lourds aussi les cirés trempés et moins effrayante la mer résiduelle. Celle-ci forme une houle peu praticable qui nous ralentit. Le record à prendre implique que l'on soit à fond tout le temps mais la glisse est mauvaise.

La hargne de tous, et l'audace qu'on déploie à la barre, compensent l'état de la mer, mais ce n'est ni l'endroit ni le moment de casser quelque chose.

Nous sommes pris dans la spirale du record. A bord, tout le monde a les yeux collés sur le tableau où nous reportons toutes les données. En passant devant la table à cartes, tous y jettent un coup d'œil. On a gagné tant. On a perdu tant. On a repris pas mal. On les lâche. Ils reviennent. C'est devenu une idée fixe : battre Enza.

Même jour, deux heures plus tard :

ATTENTION : VOUZAUTRES/
CIEL DE TRAÎNE, L'ÉQUIVALENT DU NOROÎT CHEZ NOUS,

PAS LES MÊMES NUAGES, CHARGÉS DE PLUIES GIVRÉES,
DE NEIGE FONDUE OU PAS, DE GRÊLE OU DE GRÉSIL,
DES GRAINS
AVEC 50 NŒUDS DE VENT GLACÉ SOUS TRINQUETTE
ET GRAND-VOILE
À UN, DEUX OU TROIS RIS / YADLAJOIE //

A ce rythme, Sport-Elec devrait rallier le Horn demain mercredi 23 avril dans la soirée, soit, attention, je souligne : *un jour et demi devant Enza.* Cette information tient lieu de vitamines, et on en a besoin car l'approche du Horn va se dérouler dans des conditions difficiles, 25 nœuds de vent, et mer très formée, résiduelle, qui casse la vitesse du trimaran.

Quatre jours de retard à l'équateur, un et demi d'avance au cap Horn. Les conditions qui règnent sur l'Atlantique Sud après le Horn sont aléatoires et peuvent réserver beaucoup de surprises. On va avoir une dernière partie de Tour du monde passionnante, mais exténuante, je le sens.

On fonce.

Il y en a marre, soudain, du Sud. On rame pour foutre le camp d'ici.

Déjà, dans tous ces océans du Sud, on a l'impression qu'on n'a rien à y faire. On ne veut pas de nous, c'est un endroit où il ne faudrait pas aller. Un endroit interdit, au sens propre du terme. Et quand la saison froide arrive, c'est l'empire de l'hiver.

En avril, toutes les bases même peu fréquentées ont été ravitaillées. Les bateaux sont rentrés. Et là, on sait qu'on pénètre dans une prison de froid qui peut se refermer sur nous. Ça, c'est très fort. C'est violent. Dans ce monde, notre vocabulaire de civilisé n'est pas à la hauteur. On sent les choses, mais on ne peut les décrire. L'impuissance nous en ôte l'envie, d'ailleurs. Les bateaux sont rentrés. Terminé. Fin de saison. Nous restons à nos risques et périls, le Sud décline toute responsabilité.

Et au sud du Sud, avec le recul, c'est pire. C'était : « Je vous laisse passer, mais ne revenez pas. »

On se rend compte alors qu'on ne s'est que trop promenés sur une frontière interdite. On a déjà trop joué aux équilibristes sur le bord de la banquise.

De surcroît, ces derniers jours avant le Horn, on n'avait plus les magies du Sud, ces lumières effilochées, indescriptibles. Les oiseaux se sont sauvés ailleurs. Nous n'avons plus vu un albatros depuis longtemps. Quatorze heures de nuit et, le jour, ce sont les lumières de la Toussaint. Il faisait tout juste assez clair entre six et huit heures par jour, comme pour que nous nous rendions mieux compte du monde dans lequel on était, pauvres hères, et qui se montrait si hostile qu'il semblait nous dire : « ALLEZ-VOUS-EN ! Dernier avertissement ! »

On a obéi.

Mais nous avons tenu à nous en aller sans affolement.

On a quitté la zone « alerte rouge », mais on n'est pas sauvés encore, le danger est toujours là. Malgré ça, le passage de quart d'un barreur à un autre, c'est un briefing efficace et complet, de trois à quatre minutes.

Rien d'omis, rien de bâclé. « Il y a le vent qui est comme ça », « la rotation au 130 » mais on ne peut pas garder une vitesse constante car « on tape sur la vague ». Bon. Alors le bon passage sera déterminé à tel creux. Je cherche la meilleure route toute la journée, je calcule le moment idéal pour prendre telle ou telle option.

Souvent, je demande aux hommes : « Faites-moi cinq degrés de moins, ou faites-moi dix degrés de plus, pour voir s'il n'y a pas une meilleure glisse, dans tel ou tel passage. » On fait ça sans arrêt. On cherche un vent préférentiel, et la glisse. Ça ne sert à rien de courir. Notre cap, c'est le Horn. On prend parfois vingt degrés d'écart avec la route prévue parce qu'on a, à ce moment-là, une meilleure mer par ici ou par là.

A l'approche du cap Horn, le médiatique, les journalistes se réveillent, harcèlent le P.C. afin qu'il nous arrache des détails. Les voici :

ATT : LNO > POURKITUVOUDRAS
PAS DORMI / MANŒUVRE TOUT LE TEMPS / ÉCRIRAI DEMAIN
LA RADIO PASSE PAS J'Y PEUX RIEN /
EN PLUS ON N'A PAS VRAIMENT LES CONDITIONS /
INVENTE / SI J'ARRIVE À DORMIR J'ESSAIERAI APRÈS /
ON EST BIEN SECOUÉS DANS UNE MER TRÈS HACHÉE /
IMPOSSIBLE DE FAIRE PARLER LES CHEVAUX /
ET EN PLUS VENT DU CUL ON TIRE DES BORDS /
VIENS DE FAIRE 15 H SUR LE PONT : DÉMERDEZ-VOUS /
MOI SI J'AI 5 MINUTES C'EST POUR DORMIR //

La température de l'eau est maintenant de presque 7 °C. A priori, il ne devrait plus y avoir de petite glace à cette température. Seuls les gros icebergs résistent et, théoriquement, on les voit au radar.

A part mes grognards, toujours égaux à eux-mêmes, le reste de l'équipage est apaisé, comme s'il s'était éveillé d'un songe, à la fois merveilleux et sinistre, agité en tout cas. Ils ont frôlé l'irréel. Tout redevient relativement compréhensible, déraisonnable encore mais déjà plus sereinement. L'air est toujours très froid, le vent qui nous pousse était hier sur la banquise et il ne s'est pas beaucoup réchauffé pendant son court voyage. Mais il vaut mieux avoir froid que d'entailler nos coques sur la glace. Le souvenir du flotteur déchiré de Charal me taillade encore la mémoire.

Il fait gris et glacé, et en guise d'adieu – décidément, on l'a échappé belle – le Sud nous souffle comme avec hargne un vent mauvais porteur de grains de neige tourbillonnante. Il fait aussi moche dehors que dedans. Il faut être costaud pour supporter cette atmosphère mais personne dans l'équipage ne flanche. C'est le miracle qui arrive parfois dans les grandes aventures, et c'est le bonheur du capitaine : partir avec un bon équipage, et revenir avec un équipage excellent.

Excellent, mais épuisé.

Ces trois semaines de grand Sud ne leur ont jamais permis de récupérer – au contraire, chaque jour augmentait leur fatigue. Pas de vrai jour, pas de soleil digne de ce nom, et un froid de scalpel. L'orgueil, le goût du risque, de l'aventure, ou tout simplement l'amour de la mer nous font parfois oublier que nous ne sommes que de pauvres petits mammifères, inadaptés à cet environnement. Un manchot égaré sur les Champs-Elysées y survivrait plus longtemps que nous fourvoyés dans sa niche écologique, même avec notre pathétique petit matériel de protection.

Je suis sûr qu'avec une caméra spécialisée (qui reste à inventer, ou qui existe peut-être) nous verrions nos calories s'évaporer en masse. Il nous faudrait manger sans arrêt pour compenser, et comme c'est impossible et que nous n'y pensons pas, on s'épuise. Les yeux sont rouges, et cernés. Les visages sont creusés, hâves, et en même temps bouffis par le froid qui fait tout gonfler. L'expliquera qui pourra.

Des petites misères commencent aussi à miner le moral, en particulier le furoncle du poignet, dû au frottement incessant du ciré trempé et râpeux sur la chair humide, fine et fragile à cet endroit, pourtant l'un des plus exposés. Ces blessures ont accompagné la vie des marins depuis que l'homme navigue, et elles ne nous épargnent pas.

Malgré tout, il va falloir se battre bientôt. Le Horn ne se laisse pas doubler comme s'il n'était qu'une formalité – bien que le plus dur soit d'arriver vivant dans ses parages.

Notre tenue pour manœuvrer sur le pont ou prendre la barre, déjà gênante, ressemble à une tenue de combat quand on y ajoute le harnais. Chacun met du temps à s'habituer aux dix minutes nécessaires pour se préparer et se faire au poids du ciré trempé qu'il faut porter pendant nos six heures de quart.

Cette tenue qui nous permet de résister au froid et plus ou moins à l'assaut des vagues devient franchement insupportable quand il s'agit d'aller caguer dans un des flotteurs : imaginez-vous en train d'enlever une tenue de scaphandrier enfermé dans le coffre d'une voiture !

A l'approche du cap, les fonds marins remontent et ça se sent. Plusieurs jours de tempête et des vents forts venant de l'est ont soulevé une mer difficile. Aujourd'hui le vent vient de l'ouest/sud-ouest, donc dans le sens inverse de celui de la mer, mais dans le même sens que la grande houle du Sud. Schématiquement, ça « monte » assez haut et, comme toujours lorsque mer et vent s'opposent, assez court. Inutile de l'attaquer de face. On prend tout en travers, en essayant d'allonger les glissades au maximum et en empannant toutes les quatre heures.

Les grains nous obligent à réduire la toile, puis à la renvoyer, et on recommence, sans arrêt. C'est harassant et chaque ris libère ses plaques de glace qui se brisent sur le pont comme des baies vitrées soumises au souffle d'une explosion.

Sous-toilé, on manque de puissance face aux vagues, surtoilé on casse tout. L'absence d'enrouleurs et de systèmes de réduction de voilure nous oblige à des manœuvres exténuantes – à crier de rage – qui rappellent celles que devaient effectuer jadis les marins à bord des clippers.

Pour alléger et simplifier, nous avons même remplacé les mousquetons par des garcettes en Spectra fermant avec des boules de bois, comme au siècle dernier à bord des grands voiliers de commerce. Le progrès est toujours moins efficace qu'il ne le paraît, l'expérience restant la première des vertus dans notre monde aquatique, comme dans le monde tout court.

Allez, on se secoue !

Le Horn, et hop ! première à gauche. Même si tout doit se jouer là dans cette remontée de l'Atlantique Sud, c'est avec impatience que l'on attend le Caillou. On devrait passer tout près. Et de nuit, comme se joue presque tout ce qui est réellement sérieux ici-bas, la naissance, la mort, la solitude de la douleur d'amour – et, *last but not the least* comme dirait Blake, le mal de dents.

LE HORN

Depuis 4 jours, nous tirons des pannes dégueulasses sur une mer noire, lourde, résiduelle, énorme en fait, nous n'avançons vraiment pas. En fonction du vent, nous devrions pouvoir faire des journées à presque 500 milles et, à cause des pannes, on perd 100, 120, 130 milles par jour sur notre route.

Le passage du Horn ne se fait pas dans la belle glisse. Nous sommes sortis de la glace qui est mauvaise, nous sommes sortis du grand inconfort pour nous retrouver dans des systèmes vraiment pas agréables. Le vent tourne tout le temps, on empanne dès que l'on peut mais à certains moments, il faut quand même essayer d'être fidèle à une route qui, d'apparence, paraît droite lorsqu'on regarde la carte. Mais en fait à l'intérieur de ça, c'est panne sur panne et je dois bouffer à peu près 300 milles de plus que la route directe, durant ces jours.

Et nous arrivons au cap Horn au moment où j'ai l'impression qu'il est vraiment temps de passer. L'hiver est tombé. L'automne a été court et l'hiver est tombé. Ça rappelle un peu ce que l'on voit sur les plages bretonnes, lorsque la saison s'arrête. Puis brutalement il y a septembre, octobre et les premières pluies, et à ce moment-là on sait que sur la plage, plus jamais il n'y aura de soleil, plus jamais de petits pavillons qui flottent, tout est rentré, tout est bâché, la saison est finie, au revoir.

Là, c'est exactement pareil. On passe dans un monde où tout va fermer. C'est la première fois que je vois le feu du cap Horn dans la nuit. Les autres fois, le feu n'était pas encore construit ou pas terminé. Et cette petite lampe qui clignote, complètement désuète dans cette immensité noire, avec les montagnes derrière et de temps en temps un morceau de lune qu'on voit entre les nuages et les grains, avec la moyenne du vent qui varie, 40-45 nœuds, avec des descentes à 25, puis ça remonte à 45 nœuds. Alors, si on laisse le bateau dans l'axe du vent, et l'axe de la mer, là nous faisons des pointes qui vont jusqu'à 26-27 nœuds, mais si la mer est trop courte, on risque d'enfourner.

C'est une navigation où on est toujours sur une patte ou deux, enfin ce n'est jamais confortable, ce n'est jamais agréable, c'est toujours un petit peu dangereux, un petit peu pas assez rapide ou un petit peu trop rapide, ou tout est soit un peu « trop » ou un peu « pas assez ». Et ça, ça dure 4 jours.

Ce cap Horn que nous passons, pour moi c'est la cinquième fois, et j'ai une drôle d'impression. Je l'ai passé avec du beau temps, des temps calmes, je l'ai passé avec des lendemains de brume, et avec Kriter II alors que nous n'avions pas de système électronique, et que nous n'avions pas fait de point depuis 8 jours, mais nous avions senti le changement de houle, donc nous savions qu'on arrivait sur les hauts-fonds. Nous avions juste eu à empanner, pour passer.

J'avais été content. En plus ça me faisait enfin un spectacle, j'étais passé au ras de l'Ile, j'étais passé pas loin des grandes algues, il faisait beau.

Mais là, nous passons dans un cap Horn qui est vraiment le dernier cap Horn. Nous avons cette impression d'être les derniers à sortir d'un endroit dangereux, après nous, on boucle.

Et cette lueur qui s'allume a quelque chose de complètement désuet et ridicule, ça me rappelle les petites villes de province où à trois heures du matin il n'y a personne, mais de la pluie, des bourrasques, et puis on distingue une petite lumière qui clignote, avec un Père Noël de guingois parce qu'il a été arraché par le vent. Personne ne le regarde, ça ne réjouit personne et ça ne sert à rien, c'est exactement cette impression que j'ai ce soir-là, sur le cap Horn. Une chose en plus cependant : j'étais content de sentir que d'abord on faisait un chrono, et ensuite que, à partir de maintenant, ou si ce n'est pas le jour même ce sera le suivant, ou dans les deux jours qui suivront, en fait nous ne nous retrouverons plus en danger. Nous pouvons risquer l'avarie, bien entendu, mais nous avons une chance de ne pas mourir, ça fait une différence.

On remonte vers la lumière et vers le soleil, alors que là c'était noir, mais noir !

24 AVR 09 :40
ATT : BURO LNO
AVONS PASSÉ LE SUD CAP HORN À 09 H 35.
LATITUDE 56° 09 SUD /
ON SE PARLERA DANS QUELQUES HEURES /
ÇA FAIT TROP LONGTEMPS
QUE JE N'AI PAS DORMI / BISES À TOUS / OLIVIER //

24 AVR 12 :40
ATT : BURO PC BREST PC PARIS
LE 48ÈME JOUR D'ENZA EST À 68° 16 O,
NOTRE HORN AU 47ÈME JOUR EST À 67° 17,
ÇA DOIT PAS CHANGER BEAUCOUP LA DIFFÉRENCE DE TEMPS
MENFIN QUAND MÊME. ON DIRAIT
UN JOUR ET DEMI D'AVANCE /
PASSÉS DE NUIT, APERÇU LE FEU DE L'ÎLE HORN,
LES ÎLES HERMITE ET HORN,
DES FORMES PLUS SOMBRES DANS LA PÉNOMBRE
D'UN CLAIR DE LUNE ORAGEUX
– ENCORE ET TOUJOURS DES GRAINS –
ET QUE JE TE PRENNE UN RIS
ET QUE JTEN PRENNE UN AUTRE
ET QUE JTE RENVOIE CUILA
ET JTE LE REPRENNE ET QUE JTEMPANNE
ET QU'JEN RENVOIE UN PUIS DEUX

NON ON EMPANNE AVANT ETC ETC ETC ETC
AUTANT DE FOIS QUE
VOUS LE VOUDREZ /
MER CAHOTEUSE, PANNI POSSIBLE AVANCER VITE :
GRAND-VOILE ARISÉE ET TRINQUETTE /
M'ENFIN Y FAIT BEAU ET CHAUD,
DÉJÀ-BIENTÔT / YVES //

Nous avons vraiment eu un Horn à gerber. Une mer repoussante, au propre et au figuré. Nous l'avons passé l'écoute à la main. Harassant, décourageant. Odieux. Si près du bonheur, le Sud nous retenait pour s'acharner sur nos carcasses.

Nous faisions de l'épicerie toute la journée, nous disant : « Là on passe plus vite – Oui, mais on va peut-être se faire massacrer ! – Et là ? – On passe moins vite, si on passe, mais on risque moins. Faut voir. » Toute la journée, nous spéculions, Bob Rice et moi, et les hommes entre eux.

Les barreurs ont quand même réussi à se faire à la fois des frayeurs et des plaisirs, dans un Pacifique du même style que l'Indien, sur une mer croisée avec 40 nœuds établis et des grains à plus de 55 nœuds. Ils se sont éclatés à jouer avec la vague, à surfer pendant des minutes interminables, speedomètre bloqué à 25-27 nœuds. Drôle d'équipe.

J'ai eu de la chance aussi avec elle, parce que, pour des garçons dont certains n'étaient pas encore très structurés... Nous n'avons eu à porter personne. Il n'y a pas eu de poids morts.

Leur récompense, ils l'ont eue en doublant le cap Horn, quand, avec le visage sérieux et attentif, ils ont aperçu, dans le noir, le feu du phare au sommet de l'île.

Nous avons passé le reste de la nuit à tirer des bords au portant, sous trinquette et grand-voile arisée. Ils étaient dans un état second. Les anciens qui n'étaient pas de quart n'avaient même pas souhaité être réveillés pour voir le cap. Horn ou pas Horn. Pour eux, il n'est pas plus méchant que le cap Leeuwin, par exemple, qu'ils jugent largement sous-estimé. Je leur donne raison.

Mais tous sont heureux, sachant que les jours vont rallonger, la température remonter, et qu'ils ne vont plus être obligés de mettre des couches de polaires. On rentre dans un monde civilisé, plus fréquenté. Depuis Tristan da Cunha, c'est notre première terre. En plus, nous avons plus d'une journée d'avance sur Enza et les conditions météo annoncées nous sont favorables. Nous allons pouvoir nous extirper rapidement de la Patagonie.

Content de les voir contents, je vais me coucher.

Les ennuis ne sont pas terminés, je le pressens, et Bob Rice me le confirme : avant que je ne m'endorme pour de bon et reprenne quelques forces, le Standard C a bien fumé, on a échangé de si nombreux télex que mes yeux fatiguent.

Sur ma bannette, je ne trouve pas le sommeil. Je ne m'en suis pas rendu compte sur le moment, mais j'ai ressenti des choses fortes, en passant le Horn. Ça faisait trente jours que nous n'avions pas vu une lumière extérieure à la nôtre. Et ce pauvre phare, il clignote pour rien, pour personne, parce que personne ne passe par là.

Passer le Horn n'est pas pittoresque. Ça veut dire simplement que l'on marque un chrono. Il y a avant le Horn, et après. Normalement, ça veut dire : « Voilà ! on est revenus dans le monde des vivants. » Et j'ai bel et bien cette sensation physique. J'ai craint un moment de ne pouvoir m'échapper du Sud, ce monde superbe mais fantasque, imprévisible comme un félin, se laissant admirer avec condescendance puis devenant hautain et impatient sans prévenir et qui, vers la fin, a affiché soudain avec colère et en gros caractères : « ON FERME ».

En quelques heures, tout change de nouveau, comme lorsque nous avons laissé Bonne-Espérance à bâbord pour foncer dans l'Indien. Mais cette fois, les conditions climatiques, bien que dures, sont moins inhospitalières.

La mer cahoteuse, il est impossible d'avancer vite, mais enfin il fait beau et chaud, c'est déjà énorme.

J'accepte que le bureau, à Paris, nous envoie les questions des journalistes, histoire de nous faire revenir pour de bon dans un monde normal (nous avons du mal, nous étions partis très loin).

Mais lorsque nous recevons la liste, nous décidons d'un commun accord de la laisser de côté pour l'instant, tant elle est longue. L'avantage d'être en retard sur le record, c'est que personne ne s'intéresse à ce qu'on fait, d'où un gain appréciable de tranquillité. L'inconvénient c'est d'être en retard. Comme nous voilà en avance d'1 jour et 9 heures sur le temps de Peter Blake, pulvérisant le record Ouessant/cap Horn en 46 jours, 16 heures et 57 minutes, notre tranquillité est pulvérisée aussi. Ne soyons pas hypocrites, personne ne s'en plaint.

D'où, subterfuge diabolique, ce télex :

ATT : LNO
PROPOSE DE REPORTER L'INTERVIEW
DE QUELQUES HEURES /
VOIRE UN JOUR OU DEUX /
TROUVE UNE EXCUSE OU DIS LA VÉRITÉ /
ICI ÇA BOUGE UN PEU ET ON EST CREVÉS //

Sur la table à cartes, chacun peut lire la position des Néo-Zélandais au même jour, et même si tous la connaissent par cœur, ils y posent leurs yeux fatigués à chaque passage. Peter Blake nous a fait parvenir un message avec les autres membres de l'association du Trophée Jules Verne : *Démonstration courageuse et belle leçon,* et Eric Tabarly, la référence suprême, en a fait autant : *Vous nous avez offert un spectacle d'un autre monde qui restera dans les annales de la voile.*

Il est content pour nous, surtout pour moi, je crois, en raison de notre amitié.

Ça me fait plus chaud au cœur que les louanges des observateurs les plus sceptiques ou les plus avertis – ce sont parfois les mêmes – qui ne me donnaient pas une chance lors de mon second départ tardif de Brest, le 8 mars dernier – une éternité. Et quand j'ai franchi l'équateur avec quatre jours de retard sur Enza, ça a dû être complet.

Je n'ai pas encore gagné, mais je vais aller dormir. Voilà plus de quinze heures que je gesticule sur un pont bien secoué, bien balayé par une mer assez forte. L'équipage prend les coups, comme les bonheurs, avec cette indifférence heureuse de ceux qui savent qu'il y a plus d'honneur à se battre sur la mer qu'à prétendre la connaître en émettant des avis d'experts.

Les experts feraient bien de se déplacer sur les lieux de leur expertise, pour commencer, je le leur dis amicalement pour leur éviter, justement, ce fameux ridicule qu'ils craignent tant. Moi, je viens de gagner la moitié de mon pari, je ne peux pas être soupçonné d'amertume ou d'aigreur, ce que je leur dis est dénué d'arrière-pensées. Ils ont le droit de ne pas me croire. Libre, je suis, libres devraient être les autres, telle est ma conception de la vie.

Allez, va roupiller.

Demain il faudra répondre à pas moins de cinquante-sept questions, sans compter les doublons, et ce, toujours sur ce minuscule clavier gris où les touches tremblent sous mes doigts « ampoulés » (je ne parle pas du style) et où les caractères sont à peine visibles sous la faiblarde ampoule du carré.

25 AVR 05:36
(on vit vraiment avec des horaires spéciaux...)
– AU PASSAGE DU HORN VOUS SAVEZ
QUE L'ENFER DE LA GLACE ET LA VIOLENCE
DES VENTS SONT À PEU PRÈS FINIS /
VOUS SAVEZ AUSSI ET SURTOUT
QUE MAINTENANT VOUS AVEZ TOUTES LES CHANCES
DE RESTER VIVANT /
CE QUI N'EST JAMAIS UNE ÉVIDENCE DANS LE SUD

ET ENCORE MOINS À NOS DATES DE PASSAGE /
– ENSUITE VOUS AVEZ LES CHRONOS DU HORN
QUI POUR MOI SONT TRÈS IMPORTANTS
PARCE QUE DANS CES CONDITIONS EXTRÊMES
IL Y A DES MOMENTS
OÙ CONTINUER À ALLER TRÈS VITE
DEMANDE UNE ÉNORME CONCENTRATION DE TOUS,
UNE GRANDE ACUITÉ MARITIME ET DE LA CHANCE /
– LA PLUPART DU TEMPS LES MYTHES DÉÇOIVENT
MAIS EN 5 TOURS DU MONDE JE N'AI JAMAIS ÉTÉ DÉÇU /
L'INDIEN SUD ET LE PACIFIQUE SUD
SONT L'EXCELLENCE DE L'OCÉAN,
TOUT S'Y PASSE DE FAÇON BRUTALE RAPIDE DANGEREUSE
ON Y TROUVE DES ÉTATS DE MER INCROYABLES /
TERRORISANTS PARFOIS MAIS TOUJOURS DU JAMAIS-VU /
– CE N'EST PAS QUE MA VOLONTÉ,
C'EST LA VOLONTÉ LE COURAGE ET LA DÉTERMINATION
D'UN ÉQUIPAGE DÉCIDÉ ET TENACE /
JE LEUR AVAIS DIT
QU'IL N'Y AVAIT QUE DES COUPS À PRENDRE
DANS CETTE ENTREPRISE
DÉCRIÉE PAR LES CONNAISSEURS /
D'AILLEURS QUI CONNAÎT ?
IL N'Y A QUE 2 MULTICOQUES AU MONDE
À ÊTRE DESCENDUS AU-DESSOUS DE 60 SUD, BLAKE 1 FOIS
ET MOI 2 FOIS /
QUANT AUX DONNÉES MÉTÉO SUR LA PÉRIODE
À LAQUELLE NOUS VENONS DE PASSER
J'AI DEMANDÉ À BOB RICE ET BERNOT
ILS N'EN TROUVAIENT PAS /
BOB M'AVAIT RÉPONDU : COMME DE TOUTE FAÇON
CE QU'ON CONNAÎT C'EST MAUVAIS TOUT LE TEMPS
ON RISQUE SEULEMENT D'AVOIR PIRE QUE MAUVAIS !
BERNOT QUANT À LUI M'AVAIT DIT :
D'APRÈS CE QUE J'AI COMPTÉ,
UNE AUGMENTATION DES VENTS DE 10 NŒUDS EN MOYENNE
SUR L'INDIEN ET DES
DÉPRESSIONS QUI DURENT PLUS LONGTEMPS /

PAS DE RELEVÉS DE PASSAGE DE BATEAU À CETTE SAISON
SUR LE SUD PACIFIQUE /
NOUS NOUS SOMMES RETROUVÉS DANS LA MÊME SITUATION
QU'IL Y A 23 OU 25 ANS LORS DE LA PREMIÈRE WITHBREAD
SUR PEN DUICK VI
RIEN / PAS DE DONNÉES / CE N'ÉTAIT PAS UNE RAISON
SUFFISANTE POUR NE PAS TENTER : C'EST FAIT /
MAIS JE NE RECOMMENCERAI PAS À CETTE ÉPOQUE /
– L'ÉTAT DE SANTÉ N'EST PAS MAUVAIS : PAS DE BLESSÉS /
JUSTE UN HOMME (LE BOSCO, HERVÉ JAN)
QUI A UNE MAIN QUI NE DÉSENFLE PAS
MAIS QUI NE LE FAIT PAS SOUFFRIR /
UNE VRAIE FATIGUE GÉNÉRALE
QUI VA JE PENSE SE RÉSORBER
AVEC L'AMÉLIORATION DES CONDITIONS CLIMATIQUES
ET LA POSSIBILITÉ DE DORMIR /
– EN RÉSUMÉ, J'AI TOUJOURS DIT QUE JE PENSAIS
QUE CE RECORD ÉTAIT PRENABLE,
QUE C'ÉTAIT DIFFICILE,
QU'IL N'Y AVAIT PAS BEAUCOUP DE MARGE /
MAIS POSSIBLE /
OLIVIER À BORD DE SPORT-ELEC //

Une autre partie se joue maintenant, celle des options météo.

Bob Rice m'expose « la tendance du marché », les anticyclones, les dépressions, leurs évolutions, notre positionnement. Ensuite, il faut « acheter » telle ou telle hypothèse. C'est de la bourse au comptant, la sanction est immédiate.

La corbeille se présente comme suit, dans une splendide simplicité : un gros anticyclone barre tout l'Atlantique Sud. Point. Faites avec.

Donc pas moyen d'aller vers l'Afrique comme l'avait fait Enza, afin d'être bien placé pour bénéficier des alizés. Il nous faut spéculer sur une maigriotte dépression venant de l'Argentine et qui, avec un peu de chance, nous permettra poussivement de grimper jusqu'au Brésil par son flanc ouest, près de la côte. Avec le risque de se trouver coincés entre elle et la côte sud-américaine. Mais aussi avec une route plus directe, ce qui ne correspond pas à la stratégie qui avait ma préférence au départ.

Pourquoi tergiverser, le choix est inexistant. On achète donc, et nous grimpons presque plein nord, après avoir rasé les Falklands. Ou les Malouines pour les cocardiers.

Il fait presque chaud déjà, près de 8 degrés. Les meurtrissures, petites écorchures, et autres plaies, sont tartinées de pâtes plus grasses les unes que les autres. Seule la main d'Hervé Jan est encore gonflée.

Nous prenons avis du docteur Chauve, médecin virtuel se déplaçant par satellite sur tous les voiliers de course au monde.

ATT : DOCTEUR CHAUVE / SALUT, DOC, J'ESPÈRE QUE TU AS
REÇU NOTRE TLX TE SIGNALANT NOTRE PASSAGE AU HORN...
AUCUN ENNUI DE SANTÉ JUSQU'ICI,
HORMIS LES HABITUELS FURONCLES AUX POIGNETS,
SOIGNÉS À GRAND RENFORT DE BÉTADINE (EN PÂTE)
ET LES PETITES ÉCORCHURES AUX MAINS ET AU VISAGE /
LE PROBLÈME DU JOUR
C'EST UN GONFLEMENT DU DESSUS D'UNE MAIN –
PAS LES DOIGTS – DE HERVÉ JAN.
JE DIRAIS QUE C'EST PLUTÔT CHAUD
PAR RAPPORT À L'AUTRE MAIN /
IL SE NE SOUVIENT PAS D'AVOIR COGNÉ
OU HEURTÉ QUOI QUE CE SOIT /
ÇA FAIT UN PEU ŒDÈME /
IL N'Y A PAS DE DOULEUR MAIS UNE GÊNE LÉGÈRE – DIT-IL /
ON COUPE ? YVES POUILLAUDE / PLAISANCIER //

Selon le médecin, il est prématuré et même cruel d'envisager de couper. Il demande quelques précisions, qu'on lui communique :

HELLO DOC /
RÉPONSE VOTRE FAX DE 11 H 47 SOUS LES YEUX.

EST-IL GÊNÉ POUR ÉTENDRE LES DOIGTS ? NON /
Y A-T-IL DES GANGLIONS AU CREUX DE L'AISSELLE ? NON /
Y A-T-IL DE LA FIÈVRE ? NON /
VOUS SERRE-T-IL LA MAIN ? / NON /
POURQUOI ? / IL PEUT PAS /
YVES POUILLAUDE / RÉGATIER //

La réponse ne tarde pas. Il faut tartiner et bander au lieu de sectionner. Bon. On suppose qu'il sait ce qu'il dit. Donc on tartine la main du bosco d'« Hexomédine cutanée » et on bande. Pour rien, ou presque. Ça ne résiste pas longtemps aux conditions subies par un marin de course lors de son quart. Alors, on recommence.

Maintenant que nous sommes sortis indemnes de l'enfer, je « réalise » ce que nous venons de faire et je sais que je ne le recommencerai pas à pareille époque de l'année.

L'alpiniste qui se retourne a souvent le vertige.

Solution qui résout une partie du problème posé ci-dessus, il s'agit donc seulement de regarder devant soi. C'est ce qu'on fait. Il est difficile d'imaginer la folie qui nous gagne, quart après quart, depuis que nous avons démarré dans l'Atlantique Sud en maintenant notre avance sur Blake, en limitant les dégâts par moments, ou en l'augmentant une bonne partie du temps.

Nous savons tous presque instantanément les milles gagnés ou perdus dans le quart, quand ce n'est pas dans l'heure. Tous les G.P.S. (global positionning system) du bord sont allumés en permanence et les positions d'Enza sont affichées sur l'écran du portable de navigation.

Tous se donnent à fond pour surpasser l'équipe de quart précédente. Il y a une donnée simple : pour arriver à Brest, nous avons encore besoin du bateau. Qui veut arriver au port ménage sa monture. Patience et longueur de temps font plus que force ni que rage, etc. Ces impétueux ont du mal à me comprendre. Je le leur explique donc posément, comme d'habitude. Etant un pédagogue-né, ils comprennent avant que j'aie terminé mon explication.

Le dialogue, toujours le dialogue, je me tue à le leur répéter.

L'option Nord s'avère payante. Pour l'instant, c'est la chevauchée fantastique, et l'entrain que nous mettons à manœuvrer, malgré une fatigue qui s'annonce pour tous et que je pressens sérieuse, est l'équivalent de « la bonne humeur » pour n'importe quelle équipe sportive et soudée à terre... ou qui, encore toute fraîche, vient de partir en mer.

La spéculation faite sur la « petite argentine » (je parle de la dépression) se révèle être bonne : presque 800 milles d'avance sur le record.

Les hommes dorment d'un sommeil si lourd qu'ils font corps avec leur matelas, peu épais il est vrai mais toujours chaud (et hélas toujours humide) puisqu'il y en a quatre pour six. Les réveils sont lents, moins pressés par le danger. Je les comprends, ils sont las d'être plongés dans un sommeil profond et d'entendre un mec les réveiller en gueulant « A la manœuvre » dans leurs oreilles, lesquelles, quelques secondes auparavant, entendaient peut-être en rêve des harmonies à faire pleurer, bande-son d'un petit cinéma interne où de douces beautés teutonnes ou polynésiennes – selon les goûts – rivalisaient de douceur et de sensualité rien que pour eux.

Et pourtant ce n'est pas fini, il ne faut pas qu'ils s'endorment. Nos deux jours d'avance peuvent être perdus en trois jours sur une mauvaise option. Les heures de rase-glaçons dans le Sud à frôler les manchots peuvent être perdues sur une seule erreur d'appréciation du déplacement d'un anticyclone.

C'est ce moment que choisit l'ordinateur de bord réservé à la navigation pour nous claquer entre les doigts. Belle mort, subite, mais une quinzaine de jours d'agonie, même avec une activité réduite, m'aurait moins angoissé.

Il a rendu son disque dur à Dieu, laminé par plus de deux

tours du monde dans des conditions de vie peu compatibles avec la haute technologie. Ce portable s'attendait peut-être à avoir une vie dorée, avions en première classe, hôtels de luxe, voire simple bureau sans glamour mais régulièrement nettoyé. Or il n'a eu droit qu'aux frappes de doigts virils et crasseux, parfois ensanglantés, et toujours humides. Cendres de cigarettes tombant sur le clavier, gouttes d'eau salée dégoulinant de cheveux sales, etc. Déjà outré par ces façons, nous l'avons en plus gavé de mémoire vive, et connecté à des dizaines de machines toutes plus bizarres et compliquées les unes que les autres : résultat, de même que les rats quittent le navire, ses « puces » ont foutu le camp.

C'est sympathique de mourir maintenant, dans le Sud ç'aurait été vraiment difficile. Là, c'est juste la catastrophe.

Je hurlerais bien à la mort, mais ça ne servirait pas à grand-chose, et ça perturberait Yves qui est en train de se débattre dans des problèmes d'une complexité telle que je mets un maximum de distance entre lui et moi.

Quand j'ai jeté un œil sur les messages qu'il envoyait au P.C., je me suis tu. Un peu de noir total, ça fait du bien.

Je veux bien insérer ici quelques lignes de ces messages, peut-être que ça intéressera certains, et d'autres auront au moins une idée de ce que peut être l'art abstrait adapté à notre situation. Voici :

AVONS EU UN CRASH HARD DISK
SUR POWERBOOK 180C DE NAVIGATION /
MIS EN SERVICE 2ND PWBK,
IMPOSSIBLE DE FAIRE TOURNER MAXSEA /
PORT SÉRIE EN SERVICE BUT PAS DISPONIBLE EN SYSTEM 7,5
OU BIEN SI SÉLECTIONNÉ
AFFICHE PAS DISPONIBLE EN SYSTEM 7.1 /
QUAND JE TOURNE SUR LE DISK DUR DE SECOURS
LE PORT SCSI
EXTERNE QUAD SERIAL PARAÎT OK /
QUEL MODE DISK SCSI DOIS-JE ADOPTER
POUR LES INFOS CENTRALE B&G
ET BAROMÈTRE VAISALA SUR PORT SCSI ?

JE SUPPRIME SEAPREF-INOUT
ET CHARGE UN NOUVEAU SEADRIVER /
ON VERRA BIEN CE QUE ÇA DONNE //

C'est ça.

Bien sûr, pendant tout ce temps, aucune position reçue, alors que nous avons déjà quelques pièges météo à déjouer.

On sent que je me contiens ? Tant mieux, ça signifie que je recommence à savoir m'exprimer en langage humain et que je vais réussir à me maîtriser le temps nécessaire pour les « réparations ».

Parce que, voyez-vous, il faut permuter ce Mac Intosh avec celui servant à la communication, reprogrammer ce dernier en configuration « navigation », puis sortir le Mac de secours pour le programmer en configuration « communication » ce qui prend plusieurs heures avec les tests de fonctionnement.

Nous n'avions au départ que « deux allumettes », comme je l'ai dit, mais nous avions trois Macs. Maintenant, nous n'en avons plus que deux. Je me console en me persuadant que ce Tour du monde aime les comptes ronds : dans ces parages, nous avions deux jours de retard à l'aller, nous en avons deux d'avance au retour.

Je ne serais pas content de les perdre.

27 AVR 13 :48
BONJOUR QUAND MÊME /
LA VIE DU BORD EST COMPLÈTEMENT DÉSORGANISÉE /
LE TOPO EST LE SUIVANT :
VENTS VARIABLES / MER PETITE DANS TOUS LES SENS /
PLEIN DE PETITES DÉPRESSIONS
QUI APPARAISSENT SUR LA ROUTE
ET OBLIGENT À CHANGER DE CAP POUR ESSAYER
DE PASSER DU BON CÔTÉ /
FATIGUÉS APRÈS LES LONGS EFFORTS / RÉVEIL DIFFICILE /
SOMMEIL DE PLOMB
HEUREUSEMENT LA TEMPÉRATURE QUI MONTE VITE /
MER 15 AIR 12

ON S'ÉLOIGNE DE LA GLACE /
MAIS SE RAPPROCHE-T-ON DE BREST ? //

Le Mac de secours sera destiné aux communications avec le PC, et le Mac épargné, tout neuf, reformaté et reprogrammé, est exclusivement utilisé pour la stratégie météo et la navigation. On envoie automatiquement toutes les heures à Bob Rice, qui était aussi angoissé que nous à l'idée de ne plus pouvoir transmettre, toutes les données nécessaires pour lui permettre de savoir exactement ce que nous subissons comme conditions. De son petit cottage dans le Maine, aux Etats-Unis, il analyse ces données et surtout recale ses modèles de prévision sur elles. Il est ainsi toujours au plus près de la réalité.

Je suis plus que soulagé, le routage a repris son rythme normal.

Cela dit, toutes les communications de ces deux derniers jours entre Bob et nous sont perdues. C'est un moindre mal !

Pour ne pas taquiner le destin, les messages personnels ne sont plus autorisés que le samedi. Ça ne me rend pas très populaire, sur le moment, mais quand j'attends comme un fou une réponse technique de Bob, et qu'au lieu des infos attendues se déroule un message familial, forcément banal puisque obligatoirement pudique, c'est tout juste si je ne rugis pas. Enfin, si, je rugis, mais je ne mords pas. Pas encore.

J'accepte que tous les messages personnels, perdus pendant 24 heures entre Brest et le bateau, quelque part dans le ciel par satellite, arrivent en bloc aujourd'hui, mais c'est la dernière fois. Plus d'une heure de réception non-stop. En provenance de la presse, s'y ajoutent des listes de questions dont les deux tiers sont identiques.

Bientôt trois jours d'avance, mais pour combien de temps ? Je pense que nous avons pris la seule bonne option en faisant une route directe vers l'équateur depuis les Falklands, mais de nombreuses dépressions, pas bien grandes mais énervantes, nous obligent à changer de cap pour essayer de passer du bon côté.

Enza, dans ce coin, avait fait des journées « canon » mais en tirant vers l'est, donc sur une route plus longue. Nous prenons tous les raccourcis possibles, mais nous sentons déjà la présence menaçante de l'énorme anticyclone de Sainte-Hélène qui respire comme un gigantesque soufflet, plus redoutable à chaque mille. Plus on est près de la côte sud-américaine, plus la mer est cafouilleuse et dure. Exactement comme en 1994 durant le duel contre Blake, je redoute de me faire coincer contre cette côte avec des courants et des vents dans le nez. Mais il faut subir jusqu'au bout les conséquences de notre spéculation. Bob Rice est plus anxieux que moi encore, si c'est possible. Ce n'est pas très bon signe...

Je vais me coucher.

Je me relève deux minutes après, le nez dans les cartes, l'œil agressé par la fumée de ma *dernière* cigarette – ce sera la deuxième catastrophe depuis le Horn.

Ça va sans doute m'aider à respirer mieux, mais je crains que mon humeur soit moins égale qu'avant. Et le premier qui ose me suggérer de suçoter un bonbon ou de mastiquer une allumette va se faire recevoir en beauté. Mais je ne me fais pas d'illusions, ils sont futés, les bestiaux, ils commencent à me connaître, ils se vengent en me privant d'un défoulement.

LA GUERRE DES NERFS

Ce 28 avril, nous sommes à peu près à la latitude de Buenos Aires. Il fait au moins 16 °C : adieu vêtements polaires. C'est le printemps à bord. Nous recevons des embruns qui nous paraissent tièdes après ce que nous avons connu. Chaque jour, nous ôtons des couches de vêtements, de sel, de crasse, de barbe, nos furoncles sèchent, les marques du Sud disparaissent. Le toubib insiste pour avoir des informations sur la main d'Hervé Jan. Ce dernier, qui se prétend guéri, nous dicte une réponse, que ce cher Yves met en forme le plus diplomatiquement possible.

ATT BURO VÉTÉRINAIRE /
LE MALADE REFUSE DE SE SOIGNER
SELON LES INDICATIONS DE L'ORDINATEUR,
MAIS 1) ÇA DÉGONFLE ;
2) ÇA CHATOUILLE ET ÇA GRATOUILLE ;
3) IL SE SOIGNE TOUT SEUL ;
4) LE DOC LE GONFLE AVEC SES TRAITEMENTS À LA CON /
HERVÉ EST DE QUART DEHORS 12 HEURES PAR JOUR /
LES MAINS ET LA COMPRESSE EXPOSÉES
AUX EMBRUNS ET AUX PAQUETS DE MER
Y A PLUS D'HEXOMÉDINE DANS LES 5 MINUTES //

Nous rêvons tous d'une douche, possible sinon probable dans quelques jours sous un grain équatorial qu'on souhaite modéré. On dit bien une douche, pas un déluge. Avec la vie que nous avons menée jusqu'ici, notre hygiène est devenue sommaire. Nous nous étions habitués à notre crasse, dans le Sud, elle nous paraissait saine, protectrice, elle l'était sans doute ; ici, avec la chaleur qui revient, elle est insupportable (j'allais oublier : avant que nos visages redeviennent propres, nous avons voté et le vainqueur du concours de « Gueules de con », c'est Yves. Quelque chose me disait qu'il allait gagner ce titre de toute façon...).

Ce qui est insupportable également, c'est la radio qui persiste à ne pas passer et le P.C. qui insiste pour avoir du son. L'un ou l'autre, bon, mais les deux ensemble, ça fait mousser.

D'abord, inutile de s'entêter, la radio ne passe pas. Ensuite, elle revit par à-coups et réveille ceux qui dorment, parce qu'il faut hurler dans le poste pour se faire entendre. Devant l'obstination du P.C., je me résous, après un combat intérieur, à expédier cette réponse dont la crudité et la fourberie me peinent et me choquent :

ARRÊTEZ DE M'EMMERDER AVEC LA RADIO
ALORS QU'ON
ESSAIE DE PASSER 18 H PAR JOUR
WEEK-END INCLUS / APPELEZ BRIGITTE,
ELLE CONNAÎT UN MEC QUI IMITE MA VOIX
À LA PERFECTION /
FAITES-LUI LIRE UN TÉLEX PLAUSIBLE
AVEC UN VIEUX TÉLÉPHONE
À PARTIR D'UNE VIEILLE CABINE /
ÉVITEZ LES KLAXONS DE BAGNOLE /
LES BRUITS DE FOND GENRE MARCHÉ AUX LÉGUMES
30 FRANCS LES 2 KG DE CAROTTES /
FAITES ÇA EN MIXANT AVEC LA BAIGNADE
DES ÉLÉPHANTS AU ZOO DE VINCENNES
ET C'EST GAGNÉ ! VOILI VOILÀ /
À DEMAIN POUR UNE RECETTE DU MÊME TYPE
SI JE REÇOIS DES QUESTIONS

DU MÊME TONNEAU /
SANS RANCUNE /
VOTRE DÉVOUÉ OLIVIER //

Un moment plus tard, je me manifeste sans qu'on m'en prie. Les télex, c'est comme les cerises, quand on commence...

TIENS ? VOUZICI ? PROFITONS-EN POUR CAUSER UN PEU /
POSITION 37 48 S 42 52 O /
ROUTE VERS LE NORD-EST
POUR ÉVITER UNE DÉPRESSION DANS NOTRE NORD
ET SE RETROUVER COINCÉS
PAR LA CÔTE BRÉSILIENNE /
LE CHANGEMENT DE SYSTÈME MÉTÉO
NE PARAÎT PAS SIMPLE ET J'AI PEUR
QUE L'ON AIT À GAGNER TRÈS EST /
ENFIN C'EST ÇA OU RESTER DANS LE SUD ALORS...
JE ME TÂTE, JE ME TÂTE //

Si seulement nous étions dix degrés plus à l'est, nous n'aurions pas cette petite mer de merde, c'est le mot, toute carrée. Elle n'est pas impressionnante, mais ça tape sec de partout.

Je suis en boule. Le bateau est décidément trop près du centre de la dépression, et la rotation rapide des vents a créé cette mer croisée qui lui fait perdre plus du tiers de sa vitesse.

Depuis qu'on a passé le Horn, je voulais gagner de l'est parce qu'à la latitude du cap Horn, le degré de longitude coûte à peine 30 milles ; à l'équateur il en compte 60. Je comptais donc tirer un peu vers l'est parce que ce n'était pas cher, mais non, on doit s'en aller tout droit vers le nord, pas le temps de prendre un peu d'est. Bob m'avait dit : « Ne restez pas. » Les conditions météo étaient telles que si nous avions perdu du temps à aller à l'est plutôt que d'aller vite, très vite au nord, nous aurions pris « un carton », de sacrées claques.

Nous avons donc pris une route pas très intéressante, tout

près de la terre, puisqu'il fallait se sauver : nous sommes montés plein pot dare-dare. Pas d'alternative.

Mais là, nous sommes à mi-chemin entre le Horn et l'équateur, et il n'y a toujours pas d'option vers l'est ? D'habitude il y en a toujours une, tout le monde prend un peu d'Est avant de remonter l'Atlantique Sud. Bob Rice dit : « No way. » Pas question !

Depuis quelques jours, je répète à Bob qu'on pourrait peut-être à présent tirer un peu vers l'est, ce serait plus sûr ! L'état de la mer près de la côte brésilienne est toujours pourri, avec, en plus, le courant dans le nez !... Merde, quoi ! il n'est pas sur le bateau !

Voilà que je deviens injuste. C'est grâce à Bob si je suis arrivé jusqu'ici dans ces temps, et à la première mer qui ne m'obéit pas au doigt et à l'œil, je rouspète. On est tous un peu cons, parfois, et comme je suis excessif en tout...

Sorry, Sir. Et pour commencer, je vous concède qu'au moins, ici, on a un peu d'air et que la route est plus courte.

En fait c'est clair, c'est Bob qui a raison, bien sûr. Mais – un tout petit « mais » – il ne se rend pas compte qu'un mètre de vagues mal orientées nous fait perdre l'équivalent de 10 nœuds de vents. Il a donc raison, sur le papier, mais nous on navigue sur l'eau, alors je me dis que... Je me demande si... J'ai bien envie d'aller voir là-bas, d'un coup d'aile, je veux dire de grand-voile : dix degrés, ce n'est pas la mer à boire, et l'eau est toujours plus bleue ailleurs... Je ne crois pas que ça peut être pire qu'ici, où toute notre belle avance, amassée à coups de peurs et de sueur, fond dans ce clapot pour bébés-bateaux à 25 °C.

Le trimaran est la meilleure plate-forme pour faire le Tour du monde. Mais, comme tous les multicoques, son déplacement léger et sa grande flottabilité le rendent très sensible au clapot de face. Entraîné par son lest, un monocoque passera en puissance, sur sa lancée, là où le trimaran ralentira piteusement. Bob l'a compris mieux que personne et il dispose de toutes les informations possibles sur l'état de la mer. Alors ?

Pourquoi ne se rend-il pas à mes raisons ? De toute façon nous aurons bientôt à faire de l'Est pour se placer et bien cueillir les alizés, alors, un peu plus, un peu moins...

Je deviens parano. Je me raisonne, et décide de continuer à lui faire confiance. Il ne m'a pas déçu une seule fois depuis le début, pourquoi s'amuserait-il avec moi aujourd'hui ?

Bref, nous sommes sans doute au meilleur endroit possible pour remonter vers l'équateur, Bob Rice le dit, je le crois, mais à bord la situation n'est pas facile à accepter. Nous faisons des milles comme on copiait cent lignes à l'école, les uns après les autres, en les comptant : 210 en 24 heures.

L'ambiance devient tendue. Tout coince, les choses et les hommes. Les gestes avortent, les efforts dérapent, les démarches se font saccadées, les regards sont noirs et fuyants. Personne ne souhaite que ça explose, mais tous le craignent. La fatigue accumulée se transforme en une espèce de boulet invisible, qu'on traîne avec lassitude. Les traits tirés, nous nous cognons souvent la tête et trébuchons sur le pont.

Et maintenant, la fatigue nerveuse s'est ajoutée à notre fatigue physique. Nous sentons le bateau souffrir. Nos dents grincent.

Nous avons un stock de 900 milles d'avance sur l'adversaire « virtuel », mais deux ou trois journées comme celle-ci, et c'est fichu. Ce n'est pas fait pour ramener le sourire à bord.

L'étrave du bateau se lève, lentement, lourdement, retombe en cognant. On appelle ça planter des pieux. Et nous en plantons, on a l'impression de naviguer en pleine Beauce. Il est vrai que Peter Blake n'avait pas fait mieux à cet endroit, il avait même fait bien pire, mais ce n'est pas une raison. Je déteste ce coin de l'Atlantique, entre une côte sans doute hospitalière donc tentatrice, un anticyclone qui me gâche la vie depuis des années, des alizés « allez-y, bordel ! » qui n'arrivent jamais, et cette mer petite mais casse-bonbons comme toutes les choses trop petites. *Echangerait growler contre iceberg, petit clapot contre vagues de dix mètres.*

L'eau et la nuit sont chaudes, et nos sens renaissent, nous exacerbant davantage encore. La totale. On entend presque la samba, on croit sentir les effluves de la côte, la nuit, on aperçoit des lumières, et on est certain d'avoir distingué des femmes très belles qui nous observent. Elles sont sur la plage avec des paniers pleins de choses fraîches, bananes, ananas, épices et regards épicés... et aussi quelques œufs frais que l'on pourrait cuire avec l'huile des boîtes de thon – un régal.

Mais elles ne savent pas nager.

Et nous, nous ne savons pas comment nous en aller vite d'ici.

Soudain, c'est le cauchemar. Grains violents, orages soudains – et quels orages ! C'était donc ça, notre humeur d'hier ! Nos sens les ont sentis venir, pas nos cerveaux ni notre ordinateur, ni même Bob Rice. Moralité, le corps a toujours raison.

Le vent passe de 15 à 55 nœuds, l'anémomètre devient girouette et vice versa. Mer hachée, comme la viande du même nom.

> POS 8H33Z 36 19W /
> NUIT DE CAUCHEMAR / ÉCLAIRS ORAGES GRAINS /
> LE VENT QUI PASSE DE 15 À 55 NŒUDS /
> MER COURTE ET CARRÉE
> PROGRESSION NULLE DANS UN SHAKER /
> PEUR POUR LE MATÉRIEL À CHAQUE CHOC /
> BREF UN DÉLICE //

Nous sommes au large de l'Uruguay, et ça tamponne très dur. Depuis le départ, c'est notre plus gros temps.

Nous surveillons les plus gros grains tout noirs, au radar. Un qui passe derrière, et un qui passe devant, et un qui, qui... « Gaffe les mecs, il nous arrive dessus, on prend un ris ! » Rien du tout ! nous n'avons le temps de rien prendre ! Tout d'un coup, 60 nœuds de vent jaillissent d'on ne sait où, des trombes d'eau se suivent en cascades, c'est un son et lumière d'apocalypse. La mer est de toutes les couleurs, nos visages aussi : nous sommes au milieu du feu d'artifice. Les compteurs s'affolent, nous partons comme une balle en abattant vent arrière. Nous ne voyons plus rien à dix mètres devant nous, et malheur, les hommes s'emmêlent les pinceaux et réussissent à faire un petit chef-d'œuvre de pataquès dans les drisses, on ne sait plus qui est qui et quoi est quoi.

Je surgis, je comprends tout de suite que c'est limite casse-gueule. Je hurle : « On affale tout, mer-deu ! »

Même sous mât seul, ça file à fond. Le bateau vibre.

Je guette la casse.

Il y a des éclairs partout. Eclairs, tonnerres ; pas un, mais des orages, quelque chose genre apocalypse. De courtes accalmies à 15 ou 20 nœuds aussitôt suivies de bouffées haineuses à 50, mais pas à quelques minutes d'intervalle, non, à quelques secondes près. Là, ça fout la trouille. On a l'impression d'être dans le cratère d'un volcan marin.

Heureusement, nous allons nous en tirer, je sens les effets de cette éruption se transformer en vitesse. Mais ça aurait pu se transformer en autre chose. A sec de toile, l'anémomètre est allé jusqu'à 55-60 nœuds. Thomas était à la barre quand ça a éclaté, et il y a un moment où lui, qui voulait toujours pousser le bateau, il a fermé les yeux. Le speedomètre tressautait autour des 27-28-29 ou 30 nœuds de vitesse, personne ne sait plus très bien.

J'ai craint la foudre. Nous l'avons déjà reçue avec Yves, sur un mât en alu, mais là on a un mât en carbone, et une certitude : le carbone est conducteur de chaleur, d'ondes électromagnétiques, de ce genre de fréquence. Un coup de foudre, et si l'observateur n'est pas mort sur le coup, il entendra un grand bruit, verra la foudre tomber et aussi un petit nuage de fumée en tête de mât, plus des crépitements, comme des impacts de mitrailleuse, à l'intérieur comme à l'extérieur des flotteurs.

Et s'il redescend toujours vivant dans le carré, quand il aura recommencé à respirer, il constatera que 350 000 francs d'électronique viennent de fondre et de s'agglomérer en un magma informe.

Sans conteste, après convocation et examen de tous les souvenirs de bizutages et chahuts récents, la plus grosse alerte rouge qu'on ait connue depuis Brest.

De retour devant ma table à cartes, je pense soudain qu'on aurait très bien pu y rester. Nous avons fait le tour du pôle Sud sans dommages, puis doublé le cap Horn dans de mauvaises conditions mais sans casse, sans même songer que la survie n'était pas acquise, et là, au large des côtes de l'Amérique du Sud, là où quelques minutes avant cette crise dantesque soufflait une brise tiède, nous avons vu le gouffre de près.

Je ne sais pourquoi, je pense à Jean, l'ami qui m'a permis de rencontrer les gens qui ont été décisifs pour ma vie de marin et de skipper. Je n'ai jamais débauché le sponsor de quelqu'un d'autre ; tous les gens que j'ai contactés, ce sont des gens qui n'avaient jamais touché au bateau. Je suis allé les chercher moi-même, aidé par Jean dans mes premiers pas de démarcheur. Grâce à lui et aussi à mon orgueil, personne dans ce milieu ne peut se plaindre de moi. Ça fait partie de ma fierté, et j'ai une énorme dette morale envers lui, qui m'a permis de vivre selon mon éthique.

Un jour que je l'avais emmené en bateau, au large de l'Espagne, un pigeon épuisé s'est posé à bord. J'ai parlé ailleurs de cette anecdote, je la rappelle simplement ici. Jean l'adopte immédiatement, le dorlote, le nourrit, il finit par s'y attacher. Contraints à une escale technique, nous mouillons à Gibraltar ; malgré la présence de la terre, le pigeon – bien retapé – reste avec nous. Puis un beau jour, inexplicablement, il disparaît. Nous le cherchons partout, aucune trace de Nelson – c'était son surnom –, et quand nous quittons Gibraltar, Jean est triste.

De retour à Paris, il trouve une lettre :

> *Mon cher Jean. Merci encore de ton accueil, tout va bien pour moi, j'ai trouvé une copine sur le Rocher, c'est une Anglaise, elle a des plumes pas mal du tout. J'espère te revoir à Paris. Tu aurais peut-être du mal à me reconnaître rue Princesse, mais je me débrouillerai, je te ferai un clin d'œil, et j'aurai* le Monde *sous le bras ! Signé : Nelson.*

Depuis, Jean n'a jamais revu Nelson.
Je me mets à l'ordinateur :

FAIRE SUIVRE CE FAX À JEAN... RUE PRINCESSE... PARIS
MON TRÈS CHER JEAN...
JE T'ÉCRIS DE PROVINCE : 58 50 SUD 124 36 OUEST
POUR TE DIRE DES CHOSES IMPORTANTES
EN TANT QUE MEMBRE DU CLUB
EN RETARD DE PLUSIEURS COTISATIONS
JE DÉCIDE TOUT À COUP DE METTRE
MES AFFAIRES À JOUR :
J'AI DÉCIDÉ SANS PLUS ATTENDRE
D'EXPÉDIER AU PLUS VITE UN CHÈQUE
QUI ME LAVERAIT DU DÉSHONNEUR
DANS LEQUEL SEULES MA NÉGLIGENCE
ET TA COUPABLE AFFECTION
M'ONT FAIT TOMBER...
FIGURE-TOI QUE DANS CE BLED
QUI CHANGE TOUT LE TEMPS DE NOM
(MAINTENANT C'EST : 58 52 SUD 124 30 OUEST –
ILS METTENT
DES CHIFFRES À LA PLACE DES LETTRES
À CAUSE DES ALLEMANDS MAIS CHUT... /
FIGURE-TOI DONC : JE METS DU PAIN
DANS LE COCKPIT POUR FAIRE
VENIR NELSON /
UNE SEMAINE PASSE : LE COCKPIT EST PLEIN DE PAIN
MAIS PAS DE NELSON / LA MORT DANS L'ÂME
JE M'APPRÊTE À RENONCER ET CONTINUER
LA TRISTE VIE D'UN HOMME
QUI SE SAIT DÉSHONORÉ QUAND UN ALBATROS
DE BELLE TAILLE À L'AIR HONNÊTE
S'EST POSÉ SUR LE BALCON ARRIÈRE
NOUS AVONS ÉVIDEMMENT ENGAGÉ LA CONVERSATION
ET DANS UN FRANÇAIS APPROXIMATIF
MAIS INTELLIGIBLE / IL A UN ACCENT ÉPOUVANTABLE / CE
DERNIER ME DEMANDE S'IL PEUT MANGER UN PEU DE PAIN /

JE LUI DIS QUE OUI, QUE TOUT CELA EST PRÉPARÉ
POUR UN AMI, OISEAU COMME LUI QUI A LA COURTOISIE
DE VENIR PRENDRE MES MESSAGES POUR UN AMI
QUAND JE N'AI PAS D'AUTRE MOYEN POUR JOINDRE
CETTE ESTIMABLE PERSONNE
À LAQUELLE JE PORTE UNE GRANDE AFFECTION /
À PEINE AVAIS-JE PRONONCÉ TON NOM L'ALBATROS ME DIT :
VOUS ÊTES OLIVIER ! COMPRENDS MA STUPÉFACTION... /
ET LE VOILÀ QUI SE MET À BARAGOUINER
À TOUTE VITESSE, MAIS AVEC UNE TELLE CHALEUR
QUE, D'ÉMOTION JE DEVAIS RETENIR MES LARMES /
EN GROS IL ME DIT : MAIS ON SE CONNAÎT...
ON S'EST RENCONTRÉS
AU CONGRÈS DE SAINTE HÉLÈNE...
BREF L'ALBATROS INSISTE POUR REMPLACER NELSON
QUI DE TOUTE FAÇON, D'APRÈS LUI,
EST EN CURE D'INTOXICATION
DANS UN CHÂTEAU DU BORDELAIS /
TU COMPRENDRAS QUE JE N'ALLAIS PAS LAISSER ÉCHAPPER
UNE AUBAINE PAREILLE / DE PLUS L'ALBATROS
ÉTAIT RAVI / IL NE CONNAISSAIT PAS
PARIS FÉBRILE / JE FOUILLE DANS MON SAC À LA RECHERCHE
DE MON CHÉQUIER : MERDE PAS DE CHÉQUIER ! /
L'OISEAU ME DIT C'EST PAS GRAVE JE SUIS FORT
JE PEUX PRENDRE DU LIQUIDE /
IL Y A 2 000 DOLLARS DANS LA CAISSE DU BORD /
JE LES PÈSE ÇA FAIT PAS LOURD /
JE METS TON ADRESSE DESSUS « AU CAS OÙ »
ET LES DONNE À L'OISEAU QUI PART AUSSITÔT /
IL DOIT ÊTRE ARRIVÉ MAINTENANT MON HONNEUR
EST SAUF / JE SUIS CONTENT.
TOI AUSSI SANS DOUTE. MAIS JE T'ASSURE ÇA FAIT
UNE DRÔLE D'IMPRESSION DE VOIR SES ÉCONOMIES S'ENVOLER
JE T'EMBRASSE TOI ET TA TRIBU /
OLIVIER / QUELQUE PART EN MER //

Ce 1er mai, fête du Travail, le vent chôme aussi. Encore loin de l'équateur, nous sommes bloqués dans une zone de calme, avec de nouveau un clapot qui commence vraiment à me taper sur le système. De plus, nous sommes ralentis par un vent faible et contraire. C'est à devenir dingue, sous ce soleil de plomb. Je me demande si je ne préférerais pas un petit grain, finalement...

Les hommes s'énervent mutuellement, certains en ont assez pour la première fois – mais ça ne durera pas, c'est simplement le fait de se traîner qui exaspère tout le monde. Ils se cherchent, mais s'évitent aussi, je sens de la tension dans l'air, mais je n'interviens pas. Je ne veux être au courant des problèmes de l'équipage que lorsque les stades critiques sont atteints. Je ne suis pas là pour faire une équipe œcuménique. Ce qui se dit entre eux, se dit entre eux. C'est tout.

S'ils ont quelque chose à me dire à moi, ils peuvent me le dire. Parfois, il y en a un qui m'aborde, me prenant pour arbitre, ou voulant me tester pour savoir si je suis sûr de moi, par exemple s'il ne serait pas préférable d'aller à l'est ou à l'ouest à la recherche du vent : « Tu crois pas que... – Non, je crois pas que. »

Si j'y croyais, on irait. Si on n'y va pas, c'est que je n'y crois pas.

Donc la messe est dite.

Je demande qu'ils mettent toute leur concentration et leurs qualités au service du bateau. Le reste, c'est leurs histoires. Ce n'est pas mon problème.

Je comprends l'exaspération du bord, mais il n'y a rien d'utile à faire que d'attendre. C'est rageant, mais que faire ? Le dire aux autres, j'ai au moins l'impression d'agir. Allez, un télex. Même taper sur des touches vaut mieux que de marmonner de rage impuissante dans son coin.

01 MAI 08 :01
ON NAVIGUE SUR DES PAVÉS DEPUIS 3 JOURS /
PLUS D'ORAGES PLUS DE MER NON PLUS /
ON PLANE, PAS VITE, PAS HAUT,

PASKYA PAS DE VENT NON PLUS
DONKSSA PEUT QUE S'AMÉLIORER /
LE BORD EST NERVEUX / FATIGUE /
DÉCEPTION DES CONDITIONS DE NAVIGATION /
ON ESPÉRAIT UN MEILLEUR PASSAGE
SUR CETTE LATITUDE /
C'EST PAS LE CAS / ENFIN... //

Pour tout arranger, nous commençons à manquer de tout, et je ne parle même pas des cigarettes (Gainette m'a donné une cartouche, déjà partie en fumée, et depuis je lui donne du « Monsieur » – c'est mérité, je ne crois pas que je l'aurais fait, à sa place).

Nous manquons de tout ce qui est bon et surtout facile à manger : sucre, lait en poudre et muesli. J'avais décidé d'en débarquer une bonne partie à la dernière minute pour alléger le bateau.

En vrac sur le quai, ce tas de choses sucrées est écœurant. Mais quand il n'y en a plus à bord, on y songe avec envie. C'est pratique de manger cette bouillie suave dans son gobelet en plastique ; c'est sucré, plein de calories, et équilibré. Même ceux qui prétendaient ne pas apprécier cette « chose » se faisaient leur dose au réveil. Comparée aux autres plats lyophilisés, c'était vraiment « goûteux ».

Mais il n'y en a plus. Alors, comme toute chose disparue, on la regrette.

Les rations étaient organisées en sacs étanches de cinq jours par homme. C'est ce qu'avait décidé Bruno Tilliet, notre nutritionniste. Ainsi toutes les vitamines, calories et autres sels minéraux seraient répartis idéalement sur cinq jours de navigation, numérotés chronologiquement du départ à l'arrivée. La nourriture est donc adaptée aux conditions de vie, différente sous l'équateur et dans la glace.

Seulement, lorsqu'un plat ou un aliment est très apprécié, les yeux ne peuvent s'empêcher de fureter dans un autre sac, histoire de vérifier s'il n'y en aurait pas d'autres prévus pour la semaine suivante. Ça désorganise le patient planning élaboré par Bruno, rien n'est plus à jour, chacun mange ce qu'il veut quand il le peut, et à la fin un comptable n'y retrouverait pas sa calculette.

Transgressions verticales et horizontales se superposant au fil des jours, il ne reste à la fin que les trucs délaissés, peu appétissants, ou longs à préparer.

Cette aventure autour du monde devient aussi, grâce à cette pénurie relative, une aventure culinaire : entre Michel qui mélange du curry avec une sauce au pistou et Yves qui accompagne ses céréales d'une forte dose de Tabasco, personne ne sait où s'arrêteront ces expériences gustatives. La nourriture fait partie du moral de l'équipage, on peut donc comprendre certaines fluctuations de celui-ci.

Nous avions prévu des provisions pour 74 jours de mer. Pas un de plus. Quatre bouteilles de bordeaux – dont la partie la plus intéressante était le bouchon : il suffisait du « plof » caractéristique pour voir vivement se redresser sur sa bannette tel ou tel équipier qu'on croyait profondément endormi, son gobelet déjà à la main. Miracle du crible phonologique...

Nous avons une bouteille de rhum, également, c'est prétendument bon pour le moral. Elle est vierge – je me souviens trop d'un certain soir de déprime, sur Kriter II, où le rhum avalé pour chasser mes idées noires m'en avait donné d'encore plus sombres – si, c'est possible, il y a plus noir que noir.

ATT : PÉPITA FAIRE SUIVRE À LNO THANK YOU PRETTY GIRL
PLUS NERVEUX À CHAQUE SECONDE QUI PASSE,
ENTRE CALMASSE ET KALMASSE /
CETTE PARTIE DU PARCOURS EST DÉFINITIVEMENT
TOUJOURS AUSSI MERDIQUE ET ININTÉRESSANTE /
IL Y A COMME UN POINT DE PASSAGE OBLIGÉ
– COMME LA DOUANE OU LES IMPÔTS SUR TERRE –
À 30° OUEST
POUR NE PAS PRENDRE LE COURANT
DE 1 À 2 NŒUDS DANS LE NEZ
PRÈS DE LA CÔTE DU BRÉSIL /
LES VENTS SONT FAIBLES OU TRÈS NORD-EST
CE QUI OBLIGE À SERRER /

PEU DE CHANCES DE VITESSE, PEU DE SOMMEIL,
TROP DE MANŒUVRES /
BREF C'EST LA GALÈRE / MAIS ON A SIGNÉ, ON A MORFLÉ,
RIEN À DIRE //

Je regarde l'heure toutes les minutes, et comme pour m'empoisonner la vie, chaque fois, c'est un choc : elle a déjà – ou seulement – avancé de soixante secondes ! « Déjà » ou « seulement » pour la bonne ou mauvaise raison que je suis tiraillé entre le désir de voir le temps passer, pour que nous puissions attraper au passage un petit vent égaré dans le secteur, et celui d'arrêter le temps afin que Blake ne nous rattrape pas. Pour l'instant, il nous rattrape.

Décidément, ce coin est pourri pour ce type de bateaux. Les alizés « seront pour demain ». C'est Bob qui l'a dit, donc c'est vrai. Bob est très fort, et a acheté tous les services météo des satellites qui nous survolent pour voir ce qui va nous tomber dessus. Parfois nous leur faisons coucou la nuit en pensant à Bob. Pas en ce moment. Des noms d'oiseaux, oui, mais pas de coucous.

Histoire de me faire mal, je veux visualiser et savourer quelque chose, tout seul dans mon antre :

LNO ROGER : SVP LES DERNIÈRES POS D'ENZA / VITE /
NOUS PLANTENT DES PIEUX, LA VENT LA PAS VENIR
DE BONE DIREKTION, MAIS SUFLE+FORT UN PIOU /
BOLCHEMOYS L'ON A PAS LES PIOUX,
PIPIRKAS PIOUTETE KAPUTES /
POUR ENZA, LES POSITIONS MÊME ENDROIT
ET MÊME DATE //

Le vent monte doucement, nord, puis nord-est.

Les voilà enfin, ces alizés ! Quelques têtes sortent du bateau vérifier si c'est bien ça. Je leur fais « oui oui ! ». La mer se range un peu dans le sens du vent, ce qui prouve que ce sont bien des alizés, pas très puissants mais bien établis. Tout content, le bateau s'ébroue et se lance dans une longue foulée. Nous allons rester sur le 30° Ouest pour ne pas nous prendre le courant dans le nez et faire de la route presque plein nord sur la route directe.

Aaaah : ça va mieux !

Enza est revenu à presque 500 milles derrière nous. Plus de cigarettes, chaleur étouffante, et le fantôme de Peter Blake aux fesses, il était temps que les alizés arrivent.

Avant d'aller dormir, Yves et Thomas demandent au P.C. les résultats d'un Grand Prix, l'un de Formule 1, l'autre de multicoques se déroulant en ce moment. Attendant une réponse de Bob sur une question précise, je saute sur le Mac survivant dès que la petite lumière verte s'allume. Et je tombe sur la réponse du P.C. aux deux marins mondains qui roupillent comme des sacs à patates, la bouche ouverte.

Je suis atterré par l'intérêt que portent ces deux distingués compagnons à des Grands Prix où il n'y a que trois bateaux qui tournent en rond autour de trois bouées débiles.

Après ce que nous venons de vivre, je ne comprends pas comment ces jeunes gens, très bien par ailleurs, peuvent s'intéresser à ces flottantes mondanités. Peut-être suis-je trop amoureux de ce parcours autour du monde...

Résultat : les messages non urgents seront désormais transmis dans une courte plage horaire, aux heures où Bob ne risque pas de nous appeler.

Depuis que nous avons réussi, vendredi 2, à nous extirper des calmes de l'anticyclone de Sainte-Hélène, nous progressons presque correctement vers les vrais alizés. Près de 378 milles parcourus samedi, et autant dimanche (4 mai) à 3 centièmes de milles près. Pour la régularité, c'est bien, pour un record, c'est médiocre, mais enfin, on bouge, l'allure est portante, ne nous plaignons pas.

La porte était étroite mais il fallait absolument que nous passions, sinon le risque de rester scotchés là je ne sais pas combien de temps était bien réel.

ATT : BURO /
ENCORE 5 000 MILLES DEVANT NOUS, ET UNE
CHALEUR DE BÊEEEETE À L'INTÉRIEUR
FAIT CHIER LES TROPIQUES C'EST TROP CHAUD
ET Y'A DES GRAINS
TOUTES LES DEMI-HEURES,
MANŒUVRES, MANŒUVRES, ET ENCORE MANŒUVRES /
PAR CE TEMPS-LÀ, C'EST DÉLICIEUX //

Rien de plus énervant que d'essayer de faire avancer un multicoque dans des vents de 1 à 5 nœuds avec des rotations de vent allant de 180 à 360 degrés avec, en sus, une température extérieure de 32 °C. A l'intérieur, c'est quasiment intenable même avec les deux petits ventilateurs qui tournent en permanence. Ça atteint le moral, donc ça nous affaiblit.

Le bateau commence à donner des signes de faiblesse, mais nous le connaissons dans ses moindres détails, il va tenir, il faut juste rester vigilants. Toutes ces usures ont été anticipées, grâce aux 150 000 milles déjà parcourus depuis qu'il est né.

L'énorme travail de préparation avant le départ, le démontage, nettoyage, et remontage de chacune des pièces du gréement par les gars du bord se révélera vraisemblablement salvateur.

Nous avons repris un peu d'avance sur Enza (si je compte juste, nous en sommes à 920 milles), mais il n'y en a pas un de trop, ce petit capital risque de s'évaporer dans les deux derniers pièges du parcours : le Pot-au-noir (le bien-nommé) et l'anticyclone des Açores (toujours fidèle au poste).

BONJOUR ÇA S'ÉCLAIRCIT /
ON COMMENCE À CASSER UN PEU DE MATÉRIEL /
FATIGUE /
ENVOYÉ THOMAS DANS LE MÂT À L'AUBE
CHANGER LA DRISSE DU SOLENT /
ON COUPERA LEKWATEUR ENTRE 30 ET 31 OUEST
ET PENSE GARDER UN PEU DE VENT /

AU PREMIER CALME DÉMONTAGE DE LA BÔME
DONT LE VIT DE MULET
DONNE DES SIGNES DE FATIGUE /
MAIS COMME DISENT LES CRÉTINS POUR MASQUER
TANT LEUR IGNORANCE DE LA GRAVITÉ DES FAITS
QUE LEUR INCAPACITÉ À PRÉVOIR UN FUTUR CHAOTIQUE /
EVERYTHING IS UNDER CONTROL /
N-D DE LA GARDE, FAITES QUE CE SOIT VRAI
À BIENTÔT OLIVIER //

L'ÉQUATEUR *(bis)*

Il y a maintenant cinq jours que nous naviguons dans un régime de grains, et je pense que ça va durer jusqu'à 5° Nord – donc après que ce télex ci-dessous aura eu la bonté de concrétiser les espoirs suscités à bord :

> ATT : LNO / PRIÈRE PAS FAIRE CIRCULER /
> J'ESPÈRE COUPER LES KWATERS AV 24 H
> FAISEZ LE KALKUL / CEPAMAL
> CELA DEVRAIT NOUS PERMETTRE D'ARRIVER
> PAS TROP TARD À BREST
> MAIS CHUT.../ /

Les vents sont assez stables en force et direction, sauf sous l'orage. En moyenne, une saute par heure durant vingt minutes. Des réglages incessants nous permettent une progression rapide, mais plus du tout moyen de dormir. Nous sommes tous crevés, j'avoue que moi je suis sur les genoux. A en souhaiter par moments que la calmasse revienne – c'est dire !

Ne plus taper dans la vague, ne plus cogner, retrouver des allures de glisse, même lentes...Vague et creux, espoir et désespoir, désir de vitesse, besoin de calme, nous sommes sans cesse tiraillés entre ces vœux contraires.

Plus on approche, plus la hantise de la casse me prend. Je

pense que tout tiendra, je le redis, j'y crois encore, mais n'empêche que je n'ai plus une minute de détente.

En revanche, je me réjouis du niveau de concentration que nous arrivons à garder, avec un joli niveau d'agressivité aussi. Les deux créent une navigation grave, souvent tendue, mais belle.

Il y a peu de propos échangés en dehors des sujets tels que : vent, mer, milles restant à faire, et surtout, et toujours, et tout le temps « avance sur Enza, où en est-on ? ».

Le bateau tourne bien, nous aussi, avec application, détermination, silence, et parfois une vague de bonheur nous submerge quand on sent que ça marche joliment, et comme une déferlante sur un pont mal rangé, nous lave de tant et tant de fatigues et de soucis.

Ce sont des instants rares, qui nous gonflent le cœur et les poumons, on se sent vierge et ardent. Trop peut-être ?

ATT : TRÈS CHÈRE AMIE
LONGTEMPS SANS NOUVELLES DE VOUS /
CE N'EST POINT UN REPROCHE /
JE ME SUIS LAISSÉ DIRE QUE QUELQUES MESSAGES DU BORD
NE RESTERAIENT PAS SANS RÉPONSE /
ET QUE CE STRATAGÈME COUSU DE FIL BLANC
ME PERMETTRAIT ENFIN DE CROIRE QUE CE QUE DIEU MERCI
LA FUREUR DES OCÉANS N'A PU FAIRE /
QUE DIS-JE VOUS NE NOUS FAITES PIRE CHOSE QUE DE,
MADAME, SOMBRER DANS L'OUBLI
DE VOTRE GRACIEUSE PERSONNE
CE QUI SERAIT SI TANT GRAND MALHEUR
QUE JE NE PUIS M'Y RÉSOUDRE /
DE CE LONG ET DANGEREUX PASSAGE AUX MERS ANTIPODES
NOUS NE RAMENONS NI NATURELS DÉLURÉS NI TRÉSORS
INCONNUS, MAIS DES OBSERVATIONS À CARACTÈRE SCIENTIFIQUE
QUI J'OSE ESPÉRER TROUVERONT INTÉRÊT ET GRÂCE À VOS YEUX /
CES DERNIÈRES DOIS-JE VOUS DIRE
SONT MOINS NOMBREUSES QUE SOUHAITÉES

TANT ÉTAIT GRANDE LA SOUFFRANCE DE LES FAIRE
EN CES OCÉANS SI RUDES ET FROIDS
QUE GLACE ET SILENCE Y RÈGNENT EN MAÎTRES ABSOLUS /
SI LES SAINTES ÉCRITURES NE GARANTISSAIENT QUE SATAN
VIVAIT DANS LES FLAMMES
ON POURRAIT AISÉMENT ÊTRE PORTÉ À CROIRE
QUE CES RÉGIONS LUI FERAIENT PARFAITE DEMEURE /
IL NE MANQUAIT QUE LUI MADAME
POUR BAPTISER CES RÉGIONS *SATANICUM INFERNUM GLACIAE* /
METTANT À PROFIT LA HARDIESSE QUE PEUT DONNER
L'ÉLOIGNEMENT AUX ÉLANS DU CŒUR LE PLUS HONNÊTE,
JE NE CÈLERAI POINT QUE DANS LES GRANDS DÉSARROIS
OÙ PARFOIS NOUS FÛMES
LA PENSÉE SEULE DE NE PLUS VOUS REVOIR
M'APPORTAIT COMBAT ET VAILLANCE EN SUFFISANCE
POUR LUTTER COMME PEU D'HOMMES AVANT NOUS LE FIRENT /
AUSSI MA MIE VOUS DOIS-JE PARTIE DE CETTE VIE
QUE VIOLENTES AVENTURES NE M'ONT POINT ARRACHÉE
ET QUE JE GARDE PAR-DEVERS MOI
POUR RETROUVER LE BONHEUR DE ME JETER À VOS PIEDS
À PEINE LE CRI DE VIGIE ANNONCERA « TERRE »
DU NID DE PIE QUE JE FERAI METTRE CANOT À LA MER
POUR VENIR CÉANS VOUS BAISER /
PS : LE MOT BAISER AURAIT-IL LE MÊME SENS
DE NOS JOURS ? //

Mais non, jamais trop.

Je ne crois pas que l'adverbe « trop », dans son sens d'« alerte », de « franchissement de ligne jaune » soit un mot très utile à la vie. J'aime la passion, une vie sans passions n'est pas une vie pour moi.

A violence égale, se cogner tout seul fait moins mal qu'une claque. Je me suis beaucoup cogné, dans ma vie, mais je n'ai pas pris de claques. Je n'ai jamais été refroidi. Question de destin, ou de caractère, ce qui revient au même.

En prenant mon « quart » à la barre, sous grand-voile et solent, je pense à Fabrice qui sert des demis. C'est le gérant de notre bistrot « Le Tour du monde », à Brest, il est rigoureux, économe, drôle, et grand fumeur. S'il était là, je pourrais au moins le taper d'une cigarette.

J'en ai besoin. Nous passons l'équateur, et je sais par Bob Rice que nous n'échapperons pas au Pot-au-noir. C'est là qu'on risque de tout perdre. La glorieuse incertitude du sport, comme on dit, quand on se croit obligé de dire quelque chose.

Nous avons fait la veille une assez bonne journée de 393 milles, et vitesse moyenne de 16,37 nœuds et surtout, surtout :

AVONS PASSÉ L'ÉQUATEUR CE MATIN À 06 H 16 MN G.M.T.,
PAR 28° 35 OUEST DE LONGITUDE /
L'ASPECT SYMBOLIQUE DU TROPHÉE JULES VERNE,
NE ME LAISSE PAS INDIFFÉRENT /
CET AUTEUR EST PAR EXCELLENCE
L'ÉCRIVAIN DES AVENTURIERS
ET L'IDÉE QUE L'ON PUISSE RAMENER
LE TROPHÉE JULES VERNE EN FRANCE
NOUS FAIT RÊVER
IL EST TROP TÔT POUR PARLER DE RECORD /
MÊME SI NOUS Y AVONS PENSÉ À CHAQUE SECONDE,
NOTRE SEUL OBJECTIF A ÉTÉ DEPUIS LE DÉPART
DE FAIRE NOTRE TRAVAIL DE MARIN DU MIEUX POSSIBLE /
J'AI HÂTE DE RETROUVER BREST /
C'EST POUR MOI INDISSOCIABLE
AVEC L'IDÉE D'UN TOUR DU MONDE :
ON QUITTE BREST ET ON REVIENT AU PORT DE BREST /
JE GARDE UN SOUVENIR ÉMU
DE MON ARRIVÉE LORS DE MON RETOUR
DU DUEL CONTRE ENZA /
LE BATEAU, SES USURES ET SES FATIGUES
RÉCLAMENT TOUS NOS SOINS
ET POUR NOUS CHAQUE GRAIN

RÉVEILLE L'ANGOISSE DE LA CASSE /
MAIS POUR LE MOMENT
ON EST CONTENTS DE CE QUE L'ON FAIT,
UNE FOIS ARRIVÉS
J'ESPÈRE QUE L'ON POURRA ÊTRE CONTENTS
DE CE QUE L'ON AURA FAIT /
OLIVIER. //

Au passage nous grappillons deux nouveaux records.

Ils me laissent assez froid, je ne les signale que parce que « ça se fait ».

– Ouessant/équateur, détenu par Blake et battu ce matin de 2 jours 21 heures et 56 minutes,

– et Horn/équateur, détenu par Bruno Peyron et battu de 1 jour, 10 heures et 2 minutes.

Je me garde de claironner ces petits succès, parce qu'ils ne sont en rien une garantie de victoire.

Pour moi, il s'agit simplement d'engranger le maximum de milles avant de m'empêtrer dans la mélasse du Pot-au-noir.

Réflexion subite qui me saute au nez. Evidence : la mer n'est pas faite pour l'homme, puisqu'il a besoin pour aller dessus d'un bateau, qui n'est qu'une grande prothèse, quand on y pense – et le temps pour penser ne manque pas, c'est la denrée la moins rare mais pas forcément la moins lourde du bord, malgré mon obsession du poids embarqué.

Mercredi 7 mai : 200 milles seulement parcourus à 13 h G.M.T. Nous nous approchons du Pot-au-noir, si nous ne sommes pas encore tout à fait dedans. J'ai décidé depuis longtemps de profiter de ce calme obligatoire pour effectuer un check-up complet du gréement et de toutes les pièces montrant des signes d'usure.

Depuis le milieu de la nuit, l'ambiance à bord est au bricolage. Nous ne sommes pas du tout abattus, mais ce message Internet d'un copain me fait du bien quand même :

Bon courage
Je suis ton percepteur, et je suis très pressé de te revoir.
Sans rire, serai très heureux de te revoir rapidement sur le marché de Saint-Renan
A tout l'équipage : « TENEZ BON ! »

Aucun danger que nous flanchions. Bob Rice se montre d'ailleurs relativement confiant pour l'évolution de la météo des trois jours à venir. En fin de journée, nous devrions retoucher du vent et reprendre une vitesse convenable.

La remontée de l'Atlantique Nord s'annonce très stratégique.

Cette fois, je monte plus Nord, il n'y a pas le choix, je vais passer au centre de l'Atlantique afin de raccourcir ma route vers Brest (la seule évocation de mon port me fait, par cette chaleur poisseuse, l'effet d'une douce brise), et essayer de conserver mon avance en prévision de mon atterrissage sur les côtes bretonnes, là où Blake avait réalisé des journées exceptionnelles. Il avait même dû jeter des ancres flottantes pour se ralentir à cause d'une tempête, le dernier jour !

Le suspense risque donc de durer jusqu'au bout, et d'ici là nous n'aurons aucun répit. D'ailleurs, à bord, personne ne songe à se reposer, personne n'en a envie.

Tous n'ont qu'une idée en tête : arriver, arriver vite, gagner, et mettre pied à terre, pour que ce Tour existe, et chacun sait qu'il n'existe qu'une fois la ligne coupée.

Notre avance sur Enza, aujourd'hui, est de 801 milles.

Merci pour ce compte pas tout à fait rond, ce petit mille supplémentaire qui fera peut-être la différence tant ça va se jouer serré – je me souviens d'avoir parlé de « petite monnaie » à propos de secondes glanées ici et là durant le parcours : j'ai bien fait de me montrer avare sur ce point.

08 MAI 13:00 GMT 07.24° N / 28.39° O
AVONS DÉMONTÉ LA BÔME ET REFAIT LE VIT DE MULET / TOUT TIRE UN PEU LA LANGUE,
SEULE LA RÉSISTANCE DES VOILES EST INCROYABLE,

AVEC UNE GRAND-VOILE QUI A PLUS DE 50 000 MILLES
ET QUI EST EN PARFAIT ÉTAT /
UN PEU DE PANIQUE LORSQUE NOUS AVONS TROUVÉ DES
CRICKES (fissures) SOUS LES BRAS DES FLOTTEURS /
ON A GRATTÉ JUSQU'AU CARBONE
ET IL SEMBLE QUE LA STRUCTURE
N'A PAS TROP TRINQUÉ /
ON A PROTÉGÉ CES BOBOS AVEC DU SIKA,
ÇA FAIT UN PEU ARCADE SOURCILIÈRE
LE LENDEMAIN D'UN MATCH DE RUGBY,
MAIS ÇA DEVRAIT TENIR JUSQU'À L'ARRIVÉE /
C'EST MON 19 ÈME PASSAGE DU POT-AU-NOIR
ET JE CROIS BIEN QUE C'EST LE PIRE /
ON A PLUS DE 12 TÉLEX PAR JOUR AVEC BOB RICE
POUR SORTIR DE CE TROU,
L'ATLANTIQUE NORD NE RESSEMBLE
DÉCIDÉMENT À RIEN CETTE ANNÉE /
ON N'A AUCUNE CONFIANCE
DANS LES CONDITIONS MÉTÉOS À VENIR /
NOTRE AVANCE EST UN MAIGRE CAPITAL FACE À CE QUI PEUT
NOUS ATTENDRE
ET POUR LE MOMENT ON FAIT DU 310,
CE QUI NE NOUS RAMÈNE PAS VRAIMENT À LA MAISON //

Bob Rice n'a pas fait de miracle, et nous n'avons pas touché de vent. Pour la première fois, j'ai la sensation d'avoir à terre un routeur essayant de comprendre un système qu'il ne maîtrise pas. Nous avons coupé l'équateur. Nous devions le couper en 24 heures à peine. Nous avions huit heures de risques. Huit heures de risques, ça se transforme en un jour, puis deux, et certainement au moins trois jours de risques.

Je sens que Bob devient fou, presque plus fou que moi. Moi c'est une nasse que je peux au moins voir, elle est là, palpable. Lui est dans la prévision. Il n'arrive plus à prévoir ce coin, devenu ingérable. Depuis 1995 tout est chamboulé, on ne comprend plus rien à ce qui se passe dans cette zone.

Voilà au moins trois ans qu'ici à Brest nous gardons du matos, nous amassons, nous analysons ce secteur. Et nous sommes quand même pris en défaut. Nous avons toujours un système qui nous bloque, tantôt un peu au sud, tantôt au nord, plus à l'ouest ou plus à l'est.

Cela n'existait pas avant 1995.

Le Standard C fume de nouveau, Bob et moi faisons du ping-pong, nous échangeons jusqu'à douze messages par jour...

Il sent qu'il a été un peu optimiste, ce qui n'est pas son genre.

Il est tellement loyal, passionné, compétent, que lui qui tourne sept fois sa langue dans sa bouche avant de balancer un truc, là il s'en veut de m'avoir dit que ça devrait passer alors qu'à l'évidence, ça ne passe pas.

Ce n'est pas quelqu'un qui dit ou fait les choses à la légère, et cette fois le système lui échappe. Il échappe d'ailleurs à tout le monde, mais pour lui ce n'est pas une consolation.

Un anticyclone, c'est une espèce de méduse flasque dont on ne connaît pas les pourtours ; quand on s'engage dedans on ne sait ni à quelle heure ni comment on va en sortir.

Bob n'y peut rien, et il s'en veut, cet homme. Je trouve ça admirable. C'est un bonheur de savoir que de tels gens existent, et c'est un grand honneur pour moi qu'il ait accepté de me router. Et lui, ce con, il culpabilise, alors que personne au monde ne comprend rien à ce qui se passe ici depuis des années.

Notre vitesse moyenne depuis 24 heures est d'une lamentable éloquence : 6,8 nœuds.

Les dauphins ne nous dépassent plus, ils nous laissent sur place, se désintéressant de ce grand machin bizarre à trois pattes qui lambine sur l'eau.

Dans cette remontée, nous filions bien, c'était intense. Le bateau était si rapide que nous n'hésitions pas à allonger la route pour trouver une belle glisse, une bonne mer, qui nous faisait gagner sur tous les plans, usure des bonshommes, du matériel, et en distance parcourue.

Après être sortis vivants du Sud, avoir doublé vivants le cap Horn, avoir remonté tout droit vers le nord, revoilà ce Pot-au-noir qui nous a fait tant souffrir au départ.

L'équipage reste confiant. Nous avons trois jours d'avance. Nous n'allons quand même pas rester trois jours sur cette immense ventouse ! Nous allons réussir à nous dégager à temps. Trois jours, c'est énorme !

Eh non, trois jours, ce n'est pas rien. Je le sais, je suis passé par là, et c'est pourtant moi le plus détendu.

08 MAI ATT : LES ZAMATEURS DE POÉSIE /
« LES MERS ÉQUATORIALES
« DÉSERT PRIVÉ DE VENTS
« SOLEIL DE MÉTAL
« SOUS LA FUITE DU TEMPS

« ET QUAND LA NUIT ARRIVE
« SOUS DES MILLIERS D'ÉTOILES
« LE GRAND OISEAU DÉRIVE
« SOUS D'INUTILES VOILES

« JE SAIS, JE SAIS : RIEN N'EST ENCORE PERDU /
« MAIS LE GRAND OISEAU BLANC
« A LES COUILLES DANS LA GLU » /

J'ai soudain la certitude que le Pot-au-noir va tout nous voler. Je regarde la carte météo sans vraiment l'examiner. J'ai une boule dans la gorge.

L'équipage est certain que nous avons désormais capitalisé une avance suffisante. Pour lui, l'important, c'est de finir gentiment, de ne pas casser, ne pas se relâcher, ne pas se payer un conteneur flottant, un tronc d'arbre, ou surtout un impondérable du genre grain trop violent, ce qu'en termes d'assurance Ponce-Pilate on appelle prudemment, officiellement, et malhonnêtement, « un acte de Dieu ».

Seule ombre au tableau, il y a un petit cricke inquiétant sur le bras de liaison, mais nous espérons que ça tiendra jusqu'à l'arrivée.

Nous arriverons, nous le savons, mais pas forcément vainqueurs.

Et ça, ils ne le savent pas.

Je tiens à leur parler pour les prévenir, les préparer, parce que si nous perdons là, ce sera trop dur. Leur déception va être si grande que leurs réactions risquent d'être trop fortes. Ils ont donné, beaucoup donné, ils sont allés jusqu'à me reprocher – sans me le dire, évidemment, mais ils me l'ont fait comprendre – d'avoir moins foncé quand nous le pouvions, oublieux que je ménageais aussi le bateau grâce auquel nous en sommes là aujourd'hui.

Alors je leur dis : « Les gars, c'est loin d'être fait... »

Ils me regardent, attendent des explications. Je les leur donne, avec une prévenance apparemment inhabituelle chez moi. Nous avons trois jours d'avance sur un schéma donné ? Eh bien, il n'est pas sûr que cela suffise. Autant ces trois jours ont une signification dans une période météorologique normale, autant ici, ils n'en ont aucune.

Ces trois jours ont déjà commencé à fondre, ils peuvent aussi bien être totalement mangés, volés, perdus.

Je veux qu'ils comprennent, qu'ils connaissent la vérité de la mer, ce qui peut leur sembler une injustice. Je veux qu'ils sachent, aussi fort que je le sais, que ce qui compte, c'est de faire du bon bateau, ce que nous avons fait jusqu'ici. Si nous perdons tout à cause de cet anticyclone, eh bien, tant pis. Notre course en aura-t-elle été moins belle ?

D'ailleurs, comme on ne sait jamais exactement à quoi on a échappé en prenant telle route plutôt que telle autre, le manque de chance actuel compense peut-être un immense coup de pot antérieur, du genre growler qui aurait pu, dans l'obscurité, éventrer un flotteur, ou pire, et que nous n'avons peut-être même pas aperçu, dont nous n'avons même pas soupçonné la présence.

Nous ne devons pas crier au complot alors qu'il y a peut-être eu miracle.

Au pire, si ce calme dure, nous n'aurons pas droit à la magie de la ligne.

Ça n'ôtera rien à notre aventure. Nous aurons fait du joli bateau. Nous aurons fait mieux que tout le monde, bien fait notre métier, alors ce n'est pas grave. Au fond de notre cœur, nous devons nous pénétrer de cette donnée : ce n'est pas grave. Si Tabarly était là, il redirait, serein et sans aigreur, comme il me l'a déjà dit plusieurs fois : *On a fait du bateau bien.* Il aurait encore raison, il sait de quoi il parle, elle est comme ça, la mer.

09 MAI ATT : BURO DES PLEURS
POSITION 10° 19 N 29° 56 O
SANS COMMENTAIRE //

Autant dans le Sud c'était de la survie, nous étions dans le combat, un combat sans pitié dont nous pouvions ou non sortir vainqueurs, autant ici nous sommes spectateurs impuissants – pire, *acteurs* impuissants.

Le plus dur n'est décidément jamais ce qu'on croit. Les données météo ne correspondent en rien à la situation que nous rencontrons. Il est difficile, voire impossible, même pour Bob, de faire un pronostic de l'heure ou même du jour où nous allons pouvoir nous dégager de ce Pot de glu. C'est frustrant de voir notre avance fondre au soleil, mais c'est ainsi.

Il y a des coups plus durs qui sont plus faciles à formuler que d'autres, moins spectaculaires. Il n'est pas besoin d'avoir fait Polytechnique pour comprendre que nous y sommes, dans l'enfer ! Ce n'est plus l'enfer du Sud, des icebergs, des morsures du froid, des vagues et des creux gigantesques ; c'est un enfer plus subtil, mais c'est encore l'enfer.

[illegible]

[illegible] ... comme il [illegible] ... [illegible]

[illegible] 10(4) [illegible]

[illegible]

[illegible] ... jusqu'au [illegible] ... [illegible]

Il y [illegible] ... [illegible]

LE MAL ET LA PATIENCE

Les prochaines heures seront décisives. Notre marge d'erreur ou de malchance est dérisoire. Il nous faut faire une moyenne régulière de plus de 310 milles pour arriver en vainqueurs. Pour le moment, notre vitesse (ce n'est pas du tout le mot juste, en l'occurrence) varie entre 160 et 200 milles par jour.

Nous sommes sept, mais il y a bien vingt et un boursicoteurs à bord, calculette à la main. A tout instant, chacun y va de ses computations, de ses spéculations : « Si on marche à 13,2 nœuds jusqu'au bout, avec du vent comme ci ou comme ça, on est bons – ou même à 12,8 nœuds, mais tout droit, on rate pas le coche non plus ! »

La folie des chiffres a saisi chacun. Excepté Yves pour qui c'était déjà acquis, tous les autres s'imprègnent de cette obligation concrète : il faut faire tant de milles chaque jour pour gagner. Et ils savent maintenant que nous pouvons fort bien ne pas y arriver. Ils sont prêts, s'il le faut, à accepter ces chiffres d'une violence extraordinaire, incroyable, sans être révoltés. Ils ont compris. Ils viennent d'apprendre l'humilité. Les voilà devenus des marins de compétition.

La compétition, justement, parlons-en.

Si on se battait contre un bateau, on gagnerait à coup sûr, puisque lui aussi serait obligé de passer par le chaudron dans lequel on a mariné. Là, tant que la ligne ne sera pas coupée avant le temps de Blake, il ne se sera rien passé.

Ce que j'aime dans les records, c'est qu'il n'y a pas d'officiels pour donner le coup de canon. Je suis libre de choisir mon bateau, mon parcours, et la date de mon départ : trois beaux choix pour un marin.

Ce que je n'aime pas : c'est ce qui nous arrive.

Même si, sur le papier, on laisse aujourd'hui Enza à trois bonnes journées derrière nous, il n'empêche qu'en 94 il a rallié Brest dans un temps qui risque d'être meilleur que le nôtre. Si c'est le cas, que nos conditions météo aient été différentes ou contraires, nul ne s'en souciera : nous aurons perdu et, qui plus est, je reconnaîtrai loyalement ma défaite. C'est la règle du jeu, je l'ai acceptée à l'avance.

A part nos bonheurs, nos joies de marin, pour le reste du monde il n'y aura, en résumé, rien eu de fait – sinon une tentative ratée de plus. J'entends déjà les commentaires, les « Je l'avais bien dit ! ». Peu importe que nous ayons fait de la voile comme rarement on en a fait, seul le résultat comptera.

J'ai payé pour le savoir.

Avec Lyonnaise des Eaux, Didier Ragot, Yves, Tony Laurent, Daniel Pradel et moi, nous avions bataillé beaucoup plus dur, frôlé le surhumain, presque l'inhumain. Nous étions cinq hommes fourbus à guerroyer contre sept marins de grande qualité et en meilleure condition que nous.

A notre arrivée, cinquante-cinq heures après celle de Blake, les amis qui nous attendaient sur le quai ont vu, muets, impressionnés, effrayés peut-être, cinq fantômes figés sur le pont, les yeux vides, tétanisés d'épuisement, cinq garçons détruits, exténués, même plus en état d'être tristes. Exsangues, physiquement et mentalement. Plus d'oxygène dans le cerveau, donc plus d'analyses, plus de regrets, plus d'émotions, rien qu'une immense fatigue, du cuir chevelu à la plante des pieds, sans dérogation pour quelque organe que ce soit situé entre ces deux extrémités.

Yves trouverait « immoral » que l'on nous complimente un peu trop si nous gagnons cette fois, parce que la victoire serait le fruit d'une belle course, dure aussi, certes, mais moins cruelle, moins pénible et douloureuse qu'en 94.

Et c'est vrai que nous avions couru comme des dieux, nous nous étions battus tout le temps, au point d'être déjà laminés en remontant l'Atlantique Sud : nous avions fait le reste de la route à force de volonté, comme des zombies, dans un état voisin du somnambulisme, et nous avions réussi à n'arriver tout de même *que* cinquante-cinq heures après Blake.

C'était une prouesse.

Mais comme nous avions perdu, ça ne comptait pas.

Nous, à bord de Lyonnaise, nous savions que nous avions bien travaillé, au maximum de nos possibilités, nous étions fiers de ce que nous avions fait, mais personne à part nos proches et quelques rares connaisseurs ne pouvaient se douter de l'ampleur de notre tour de force.

Nous étions allés au bout de nous-mêmes, et ce que nous y avions trouvé ne nous avait pas déplu ni déçus, pour être sincère. Nous n'avions jamais baissé les bras. Même quand ça n'allait pas, ou que le vent manquait, nous nous donnions à fond. Parfois, nous nous disions de nouveau, avec Yves : « Qui ferait mieux que nous ? » Il y a eu aussi des moments où nous perdions espoir mais, très vite, nous nous regardions, et nous savions que nous faisions bien, puisque c'était le maximum. C'est à peu près tout ce qu'on peut exiger d'un homme pour qu'il mérite ce nom.

Ce fut un peu la même chose en 93, à bord de Charal. Je casse dans le Sud, mon flotteur tribord est éventré par une glace. Plus question de terminer la course. Ma fierté sera alors de ramener le bateau et l'équipage au complet.

Nous étions alors à 1 200 milles de Cape Town. Une distance énorme quand on a une patte en moins. Le flotteur prenait l'eau. Nous montions vers le nord, et nous devions forcément être bâbord amure, c'est-à-dire que nous nous appuyions sur le flotteur éventré. Et plus nous faisions de milles, plus le flotteur se désagrégeait. Nous souffrions pour lui. Nous le regardions prendre les coups comme un boxeur knock-out contre lequel s'acharnerait l'adversaire. Ça faisait pitié.

C'était l'angoisse totale. Il fallait continuer de faire des milles avant de ramasser tous les « bastons » que la météo nous promettait et que notre malchance aurait à cœur de tenir, nous pouvions lui faire confiance pour ça. Nous avions déjà pris des coups de vent de 60 nœuds, nous forçant à rester à la cape et à faire le gros dos en attendant que ça passe ou que ça casse... Des conditions impossibles à décrire.

Il nous fallait donc monter sur le mauvais flotteur jusqu'à Cape Town. Imaginez quelqu'un devant faire Paris-Marseille en voiture avec un pneu crevé dès le périphérique. Il sait que la roue va partir sous peu, que le moyeu va suivre, qu'il va bientôt ne plus rien rester, mais qu'il doit, sans dépannage possible, continuer à avancer quand même sous peine de mort... C'est un rapport permanent et angoissant entre ce qui va subsister d'une mécanique (utilisée dans une fonction pour laquelle elle n'est pas conçue), et un délai représentant la survie. Il faut que ça tienne. On ne peut s'échapper d'un bateau, on ne peut pas dire : « J'arrête, j'en ai marre, je ne joue plus à ce jeu de cons, trop dangereux ! »

Là, chaque seconde, chaque vague, est un coup au cœur. Ça va tenir ? Ça tient ? Combien de temps ? Suffisamment pour arriver au Cap, à un port, sur une côte abordable, n'importe où mais là où on pourra souffler, être à l'abri, vivants ?

Et dans quel but ? Pour réparer et ramener le bateau.

Et nous l'avons fait. Cela a été difficile. A dire vrai, un exploit, mais nous n'avons pas gagné, alors ça ne comptait pas.

10 MAI 10:14
BONJOUR LÉGARDUBURO OU LASHARMANTEPEPITE
ÉTAT D'ESPRIT DU JOUR :
ONAKONUPIRE MAIS ON ONAKONUMIEU //

Pire, inutile de le souligner. Mieux, c'est clair. Il est interdit de se plaindre, car le bateau avance déjà un peu plus vite (254 milles à 13 h G.M.T.) et nous avons – enfin ! – rencontré les alizés grâce auxquels le bateau a retrouvé un rythme non seulement plus régulier, mais surtout moins lent.

Cela dit, il y a toujours un moment où ça coince, dans ce secteur. L'Atlantique Nord est entièrement barré d'est en ouest par un anticyclone qui va nous obliger à nous écarter un peu de la côte européenne. Inutile de songer à le contourner entièrement, il faudrait aller aussi loin à l'ouest qu'Enza. Alors mon option, la seule qui peut encore nous faire gagner, est de faire la route la plus directe possible – une ligne droite un peu sinueuse, mais droite dans son principe.

Les alizés viennent du nord/nord-est, et le trimaran marche au près serré. Sous grand-voile et solent, c'est gavant ! Je crierais bien un bon coup, mais ça ne servirait pas à grand-chose. Je ne peux décider, sans risque de me tromper, lequel, du corps ou du mental, souffre finalement le plus dans cette course autour du monde.

Et d'abord, pourquoi le Tour du monde nous fascine-t-il autant, au point de nous faire accepter des sacrifices que nous serions bien incapables de consentir à terre ?

Avant tout, sans doute, par la dimension du parcours, dans toute l'acception du terme.

Il est aussi mythique. C'est la route des derniers grands voiliers de commerce, de tous les grands records, celle qui a révélé et consacré les grands marins.

Il est dangereux. Chavirer dans le sud de l'océan Indien ou du Pacifique a d'autres conséquences que dans l'Atlantique. Personne ne peut venir vous chercher par cargo avant plusieurs semaines. Aucun hélicoptère n'a un rayon d'action suffisant pour se porter à votre secours. L'eau est glacée et vous congèle un homme en moins d'une heure.

Il est beau. Le décor, toujours renouvelé des meutes de vagues, toutes différentes, arrêtées par aucune côte depuis des milliers de kilomètres, et venant parfois de plusieurs horizons pour se croiser sous vos étraves, est unique. C'est un désert aux dunes instables, mouvantes et multicolores. C'est bleu, vert, blanc et acier, parfois un peu gris pendant quelques semaines.

Il est technique. La descente de l'Atlantique est un véritable jeu d'échecs, entre anticyclones des Açores, de Sainte-Hélène, Pot-au-noir, imprévisibles petits anticyclones qui viennent d'on ne sait où, et courants marins. Les derniers développements de la technologie en matière de prévision météorologique nous permettent tout juste de comprendre ce qui vient de nous arriver. Pas encore de prévoir ce qui va nous tomber dessus.

Ensuite le grand Sud est une succession de systèmes plus complexes que ce que l'on peut imaginer, avec une convergence Antarctique qui peut se manifester très haut, des glaces qui errent jusqu'à 45° Sud – soit la latitude de Bordeaux dans l'hémisphère Nord.

Le Sud, il est vrai, a un charme et un pouvoir secrets : personne ne peut y tricher. Sur un bateau, toute imposture est impossible et toute faiblesse décelée. Alors, dans le Sud...

Enfin, on ne peut imaginer un plus grand et plus beau parcours que cette route libre du Jules Verne autour de la planète. C'est beau, un Tour du monde à la voile. C'est rond, complet, abouti. Magique...

Ce qui n'est pas vraiment le cas en ce moment. Nous savons que nous n'avons pas le choix. Notre route nous mène au cœur de l'anticyclone, où nous pouvons perdre les deux derniers jours d'avance qui nous restent. Ceux-ci vont nous servir de « jokers ». Nous allons en avoir besoin.

12 MAI 1997 13:00 GMT 24.45° N / 34.50° O
L'ALIZÉ DE 15 À 25° PLUS NORD QUE LA CLIMATOLOGIE,
JE ME DEMANDE QUI À BORD
A ÉCRASÉ UN CHINOIS
POUR AVOIR TANT DE CHOSES CONTRE NOUS /
JE PENSE QUE VOUS VOYEZ LE BEAU MERDIER
KINOUZATAN ZONE AÇORES /
ON N'A PAS LE DROIT D'AVOIR TANT DE BOL /
BONNE NUIT / OLIVIER //

Je suis persuadé que le record va désormais se jouer à quelques heures, voire à quelques minutes près, car nous allons devoir négocier avec des vents faibles jusqu'à la hauteur de l'Espagne.

12 MAI
ET ÇA PREND DES RIS, ÇA LES RENVOIE,
ÇA LES REPREND,
ÇA CHANGE
LE SOLENT POUR LA TRINQUETTE OU L'INVERSE, ETC.../
KE MAERDAZ !!! /
YVES //

Nous avons parcouru 322 milles ces dernières 24 heures. Nous maintenons en gros une avance de plus en plus précaire. Nous devons sortir de l'anticyclone des Açores avec ce crédit d'heures pour avoir une chance de ramener le Trophée Jules Verne en France. Une idée fixe me vrille la tête : la vitesse des derniers jours d'Enza sera hors de portée pour nous, avec les vents que nous avons.

Maintenant, la situation est claire. Il nous faut faire exactement 313 milles minimum quotidiennement pour gagner. C'est possible. Mais est-ce probable ?...

La tension à bord est perceptible, toutes les énergies sont bandées, les hommes donnent tout ce qu'ils ont et même un peu plus.

En dernier ressort, ce sera la mer et le vent qui décideront. Comme il se doit.

A défaut de leur aide, je continue de privilégier la route la plus directe possible, pour limiter la casse, et ressortir sans trop de perte de temps de cet haïssable système météorologique qui me tue à petit feu.

Nous continuons de payer notre départ tardif de Brest, en subissant un Atlantique de moins en moins venté.

Notre avance sur Enza a encore un peu fondu.

14 MAI 17:02 13:00 G.M.T. 31° 51 N / 33° 37 O
ON N'A PAS VRAIMENT DE MOYENS D'ACTION,

ON NE SAIT PAS TRÈS BIEN
CE QUE NOUS RÉSERVE L'AUTRE CÔTÉ DE L'ATLANTIQUE
ET ON NE PEUT PAS PRÉVOIR GRAND-CHOSE
À PLUS DE 24 HEURES /
C'EST UN PEU DUR DE VOIR LES BEAUX MILLES
ACCUMULÉS DANS LE SUD
À LA FORCE DU POIGNET FONDRE À VUE D'ŒIL.
DANS LE PRÉVISIBLE, ON PEUT AVOIR UNE TACTIQUE,
MAIS DANS L'IMPRÉVISIBLE ON NE PEUT QUE SUBIR /
C'EST INTÉRESSANT MARITIMEMENT,
ON N'EST PAS TROP TENDUS,
MAIS PAS DÉTENDUS /
JUSTE UN PEU NERVEUX, DANS L'EXPECTATIVE /
BREF, ON EST COMME DES VEAUX DEVANT LE BOUCHER...
OLIVIER//

Condamné à suivre une route, je passe le temps et mes nerfs comme je peux. J'en profite pour répondre enfin, après avoir différé mes réponses de jour en jour, au questionnaire d'un journaliste estimable.

Ça me permet en même temps de faire le point, de me rendre compte exactement, sans passion, de la situation dans laquelle je me trouve.

14 MAI 21:04
ATT : GILBERT DREAN
1 : *qu'est-ce qui vous a poussé à continuer et à entraîner votre équipage dans une boucle hallucinante alors que la situation paraissait compromise au passage de l'équateur?*
J'ÉTAIS REMONTÉ COUPER LA LIGNE
ALORS QUE NOUS AVIONS ATTEINT 34 S ET 18 O
ET QUE JE VOYAIS QUE L'ON COUPERAIT LA LONGITUDE DE CAPE TOWN
AVEC 4 JOURS DE RETARD SUR ENZA /
JE PENSAIS QUE ÇA NE POUVAIT PAS ÊTRE PIRE /
EN FAIT NOUS AVONS COUPÉ L'ÉQUATEUR
POUR LA SECONDE FOIS AVEC 6 HEURES DE RETARD
SUR LE PASSAGE DE JANVIER

MAIS LA SAISON D'AUTOMNE ÉTANT BIEN COMMENCÉE
BOB RICE ET MOI PENSIONS QUE L'ATLANTIQUE SUD
SERAIT PLUS ACTIF /
CELA S'EST AVÉRÉ JUSTE
NOUS AVONS REPRIS 2 JOURS SUR 4 DE RETARD
À LA LONG. DE CAPE TOWN

2 : *la formidable reconquête des milles perdus dans le grand Sud a été l'épisode le plus extrême et exaltant de votre vie de marin?*
C'ÉTAIT L'AVENTURE,
NOUS ENTRIONS DANS UN MONDE MÉTÉOROLOGIQUE
SUR LEQUEL LES DONNÉES SONT RARES
ET CELLES QUE L'ON A
PERMETTAIENT DE PENSER QUE ÇA RISQUAIT D'ÊTRE RUDE /
D'UN AUTRE CÔTÉ
L'INDIEN EST TOUJOURS DIFFICILE ET DANGEREUX
DONC UN PEU PLUS OU UN PEU MOINS ON VERRAIT BIEN /
ÇA RESTE MAGNIFIQUE À FAIRE / DUR MAIS GÉNIAL

3 : *y a-t-il eu des moments où vous vous remettiez à la grâce de Dieu, à votre bonne étoile plus qu'à votre métier de marin?*
JE NE PEUX PAS VOUS RÉPONDRE AUJOURD'HUI
NOUS SOMMES ENCORE TROP DANS LA COURSE /
DANS LE SUD LE MÉTIER NE SUFFIT PAS TOUJOURS
ET DANS L'EXTRÊME IL FAUT TOUJOURS UN PEU DE GRÂCE
POUR QUE ÇA PASSE
MAIS C'EST COMME ÇA /

4 : *le routage de Bob Rice?*
DEPUIS QUELQUES ANNÉES
LES TECHNIQUES DE RENSEIGNEMENT MÉTÉO
SE SONT CONSIDÉRABLEMENT DÉVELOPPÉES /
QUAND JE PENSE AU RECORD DU TOUR DU MONDE EN SOLITAIRE
BATTU AVEC CLAUDE FONS EN 89
JE SUIS TRÈS IMPRESSIONNÉ
PAR L'EXTRAORDINAIRE CONNAISSANCE ET INTUITION MÉTÉO
DONT AVAIT FAIT PREUVE CLAUDE ET JE PENSAIS SOUVENT À LUI

DURANT CE TOUR AVEC ÉMOTION ET ADMIRATION /
JE L'AI SOUVENT APPELÉ CES DERNIÈRES ANNÉES
POUR LUI DEMANDER SES AVIS
SUR LA SITUATION GÉNÉRALE ATLANTIQUE
ET J'AI TOUJOURS APPRIS QUELQUE CHOSE /
DE MÊME NOUS NOUS SOMMES RÉGALÉS
AVEC PIERRE LASNIER DANS LE SUD
AVEC LYONNAISE CONTRE ENZA
AUQUEL NOUS AVONS REPRIS 1 200 MILLES EN 25 JOURS
MAIS J'AVAIS ENVIE DE TRAVAILLER AVEC BOB RICE
PUISQUE JE L'AVAIS VU CONTRE NOUS
ET JE PENSE QU'IL Y A UNE APPROCHE
ET UNE CULTURE MÉTÉO ANGLO-SAXONNE
DIFFÉRENTES DES NÔTRES,
BREF SI DEMAIN NOUS COURONS CONTRE UN BATEAU
ROUTÉ PAR UN DE CES GENTLEMEN
J'AURAIS UNE IDÉE DE LEURS TENDANCES /
IL Y EN A UN AUTRE
AVEC QUI J'AIMERAIS BIEN AUSSI TRAVAILLER UN JOUR
C'EST JEAN-YVES BERNOT...

5 : *les dernières modifications sur le bateau. Peut-on quantifier le gain ?*
C'EST PAS SIMPLE MAIS JE PENSE QUE LE NOUVEAU MÂT,
LE TRAVAIL DISCRET ET ÉNORME
ACCOMPLI DEPUIS TROIS ANS COMPTENT BEAUCOUP /
AUJOURD'HUI J'AI FAIT PLUS 160 000 MILLES SUR CE BATEAU
DEPUIS SON LANCEMENT EN 1992 SOUS LE NOM DE CHARAL /

6 : *quelle que soit la sanction du chrono (« c'est à la fin de la foire qu'on compte les bouses » pour reprendre votre expression), quel bilan tirez-vous de cette nouvelle campagne autour du monde ?*
ON VERRA BIEN / QUOI QU'IL ARRIVE RIEN NI PERSONNE
NE POURRA NOUS PRENDRE LES BONHEURS VÉCUS
AVEC SPORT-ELEC AUTOUR DU MONDE
LA VIOLENCE DE L'AVENTURE ET LES MAGIES DES OCÉANS /
S'IL RESTE DES BONHEURS À PRENDRE TANT MIEUX

S'IL N'Y EN A PLUS TANT PIS /
QUOI QU'IL ARRIVE ON AURA TOUT FAIT... ALORS ! /
JE PENSE QUE NOUS SOMMES L'ARMEMENT
QUI A LE PLUS DE DONNÉES SUR CE PARCOURS AVEC UN GRAND MULTICOQUE CELA DEVRAIT FACILITER
NOS DISCUSSIONS AVEC LES SPONSORS SÉRIEUX
DÉSIRANT INVESTIR DANS L'AVENTURE AVEC UNE ÉQUIPE.
QUI A L'EXPÉRIENCE DE CE QU'ELLE PROPOSE /

7 : comment l'équipage imagine-t-il l'accueil à Brest ?
ON N'Y EST PAS ENCORE !...
P.S. JE TE RÉPONDS COMME JE PEUX /
ON EST TROP DEDANS / JE N'AI AUCUN RECUL /
MAIS JE NE VOULAIS LAISSER NI TOI NI LE JOURNAL QUI AVEZ TOUJOURS ÉTÉ AMICAUX SANS RÉPONSE /
VOILI VOILÀ //

J'ai bien fait. Ma tête est libre. J'ai surtout la sensation d'y voir un peu plus clair. La fatigue et le manque de sommeil ont des effets pervers qu'il serait intéressant que j'explore un jour. C'est-à-dire jamais – je me connais.

Ça va bien se passer. Je le sens et, de plus, Bob Rice me le confirme quelques instants plus tard. Nous sommes sur le bon chemin. Si on avait un peu plus de vitesse, ce serait bien, mais c'est déjà pas mal. Durant 24 heures à peu près ça va rester moyen, puis ça ira vraiment mieux et jusqu'au bout.

Pendant un court instant, quelque chose se passe entre lui et moi. C'est comme s'il était à bord – mais ne l'a-t-il pas toujours été ?

L'option choisie a été la bonne, tout se déroule comme espéré – j'allais écrire « comme prévu ». Au milieu de la nuit du 13 au 14 mai, nous nous sommes lentement dégagés des calmes de l'anticyclone, laissant les Açores à bâbord sans aucun regret, et, miracle, la bascule attendue a bien eu lieu.

Bâbord amure, étraves pointées vers la ligne d'arrivée. Pratiquement une ligne droite. Mon bateau s'est toujours bien comporté dans les petits airs, et les conditions de mer sont propices à une bonne glisse. Immédiatement, le résultat s'affiche : moyenne, 17 nœuds.

ATT : LNO
ON DEVRAIT RÉUSSIR À MAINTENIR 14/15 NŒUDS
DE MOYENNE JUSQU'À LA MAISON,
ET ARRIVER LUNDI 19 À LA MI-JOURNÉE.
ON EST CONTENTS,
MAIS ON NE VEUT PAS SE RÉJOUIR TROP VITE NON PLUS
CAR ON EST QUAND MÊME
DANS LE SYSTÈME ANTICYCLONIQUE
ET ON A VU QUE PAR MOMENTS
ÇA RÉSERVAIT DES SURPRISES /
MAIS ENFIN ON A QUAND MÊME UNE MARGE /
TOUT VA BIEN À BORD, SAUF QUE L'ORDINATEUR FUME
MAIS PAS MOI /
JE CRÈVE D'ENVIE D'UNE CIGARETTE...
ET DE MANGER UNE BAGUETTE DE PAIN ENTIÈRE //

LA LIGNE DROITE

Je m'allonge un instant sur ma bannette pour me reposer et je prends un tas de papiers divers, pour faire un tri, virer les inutiles, les périmés. Or je ne jette rien, et je relis beaucoup, tout, les télex échangés avec Bob dans les moments critiques, ceux envoyés au P.C. ou reçus par eux, pour me distraire, ou comme si je regrettais déjà de terminer ce voyage.

Ceci, c'est un télex envoyé à LNO au début du parcours, preuve d'une certaine fébrilité :

ATTENTION CARTOGRAPHES ENCHANTEURS
LNO, PEUX-TU NOUS CONFIRMER QUE
QUAND JE LIS 30,2 OUEST (PAR EXEMPLE)
JE DOIS LIRE 30 DEGRÉS ET 12 MINUTES
(SOIT 0,2 DIXIÈME DE DEGRÉ)
ET NON PAS 30 DEGRÉS ET 20 MINUTES ?
EN CAS DE COLLISION
NOUS PRÉFÉRONS AVOIR UNE TRACE ÉCRITE
SIGNÉE DE VOTRE MAIN.
NORMALEMENT LES ASSURANCES N'ACCEPTENT PAS
LES ÉCRITS INFORMATIQUES DES ORDINATEURS.
VOYEZ NOTRE SOUCI /
SIGNÉ : LE BUREAU DES TROUILLARDS DU BATEAU
QUI VEUT PAS EN AVOIR DES ENNUIS //

Quand je me réveille, je regarde l'heure, incrédule. Je me suis écroulé. J'ai dormi trois fois trois heures d'affilée, même à terre ça ne m'est jamais arrivé. Pendant ce temps, le trimaran a marché à 15 nœuds sans faiblir et je ne me suis rendu compte de rien. La preuve d'une décompression. Et, pour la première fois depuis le départ, le signe indiscutable que j'y crois, maintenant, à cette victoire. Sauf accident, le Trophée est à nous.

D'ailleurs, maintenant, nous nous marrons, et nous parlons même d'autres choses que de bateau. Ça fait du bien.

Ça ne nous était pas encore arrivé en 70 jours de mer.

L'ARRIVÉE

Il n'y a pas beaucoup de puissance dans le système météo mais, dans le fond, ça n'a pas tellement d'importance, nous nous trouvons pratiquement par le travers de la Corogne.

Et maintenant je suis certain que, quoi qu'il arrive, nous couperons la ligne dans les temps du record, nous pourrons gagner.

J'ai même le fantasme que nous pourrions démâter, et je me dis : avec un gréement de fortune on arriverait à la passer en moins de 3 jours.

C'est vraiment un moment de détente pour moi.

En plus nous sommes dans une mer que je connais depuis trente, quarante ans ; les lumières, les habitudes de ce golfe de Gascogne, tout ça m'est familier, et lointain en même temps, parce qu'on a vu trop d'eau, trop de vagues, trop de mer. C'est vraiment hors du temps pour moi. Je retrouve ce paysage maritime un peu comme on retrouve le visage de quelqu'un qu'on aime et qu'on n'a pas vu depuis un certain temps, depuis trop longtemps, je le scrute pour essayer de me retrouver avec lui.

Une fois de plus, si près du port, nous sommes loin de faire la route directe mais, franchement, je m'en fous. Panne sur panne à cause d'un système orageux qui se développe dans notre est et qui doit commencer à la latitude de Nantes pour remonter jusqu'à Ouessant. Ça n'a pas d'importance ; j'ai l'impression que c'est fait.

Je ressens surtout une grande lassitude, mais en même temps quelque chose de tranquille que je n'ai pas ressenti depuis 70 jours : la certitude que c'est bouclé. Je commence à être content à petites gouttes, doucement, très doucement, c'est comme une infiltration, rien n'éclate, rien ne peut éclater, mais je sais que maintenant c'est fait.

Je me surprends à regarder l'équipage, d'une autre manière, je ne le regarde pas comme quelqu'un qui le commande, mais comme quelqu'un qui l'accompagne. Je porte sur ces hommes un regard très différent, ils sont formidables.

Je m'aperçois que, maintenant que j'ai le temps de réfléchir, durant tout ce parcours, ils ont tout donné, le meilleur d'eux-mêmes, leur vrai meilleur, sinon nous ne serions pas là. C'est drôle, il faut attendre longtemps pour identifier les gens, avoir le temps de réfléchir à eux. Jusque-là, je n'ai jamais eu le temps de penser à eux, je ne pensais qu'au bateau – et j'imagine que c'est la même chose pour eux. Alors maintenant j'ai le temps de le voir, de les regarder, je vois Hervé Jan au pied de mât – j'aime bien ce matelot rugueux et compétent.

Yves est à la barre.

Je lui dis, selon la formule consacrée dans la Marine et que je parodie, peut-être pour cacher l'importance de ce moment :

– Votre navire, Monsieur Pouillaude.

Là, ça veut dire que je décroche.

J'ai envie d'être seul, d'aller dormir, ou d'aller à l'avant, Yves prend le commandement du bateau pour le temps qui nous reste, le temps que je débraye : « Tu te démerdes avec le bateau, tu le ramènes à la maison. »

S'il y a une manœuvre à faire un peu plus tard, je ne la ferai même pas.

Pour moi la chose est réglée, je le crois encore à ce moment-là. En fait le calme ne fera que devenir de plus en plus calme, et le vent de plus en plus sur la panne. Il va nous falloir tirer on ne sait combien de bords jusqu'à la ligne.

Lorsque l'aube apparaît sur Ouessant, que la ligne semble

toute proche et en même temps très loin, à plusieurs heures encore avec le courant dans la gueule, nous voyons venir la première vedette. Je n'ai rien contre le contact humain. Mais ce n'est pas vraiment le moment, tant que la ligne n'est pas coupée nous risquons de perdre des secondes précieuses et avec tous les efforts qu'on a faits sur ce Tour du monde ce n'est pas pour ralentir maintenant, le courant est fort et avec la marée, coefficient 65 ou 70, le courant reste fort sur le nez.

Un hélicoptère tourne autour de nous, au lieu de rester à distance respectueuse, alors que nous avons à peine 1,5 nœud de vent, il est en train de casser complètement le peu d'air que nous avions.

Je connais le pilote, je lui montre le poing, fou de rage. Sa seule présence empêche le bateau d'avancer. Il est même en train de nous faire reculer.

Il faut attendre que l'hélicoptère s'éloigne suffisamment pour que les rotations de ses pales laissent un filet d'air très faible se rétablir et nous permette de regagner lentement vers le nord, pour pouvoir approcher la ligne.

Les cailloux d'Ouessant, tantôt bleus, tantôt gris, sont presque à contre-jour du soleil qui se lève.

Je décide de passer au ras de la côte où le contre-courant est plus favorable.

Yves est à la navigation, Hervé Jan à côté de moi dans le cockpit, le reste de l'équipage est à la manœuvre ; dans la calmasse, on empanne et on ré-empanne, et on ré-empanne encore, pour moi c'est presque la symbolique de ce Tour du monde où nous n'avons presque jamais réussi à faire une route directe.

Lorsque nous approchons de la ligne, en rasant les cailloux, il faudra, aussitôt franchi la ligne, immédiatement empanner de façon à éviter les hauts-fonds qui sont à notre portée immédiate.

Alors je demande à chacun de rester concentré, en me disant que si dans un an, deux ans, ce record est battu d'une seconde, on regretterait de ne pas s'être appliqués jusqu'à la fin. De toute façon je n'ai pas besoin de le leur demander. L'équipage l'a compris, il le veut comme moi. C'est pourquoi nous coupons la ligne sans bruit, juste concentrés. On ne peut pas rester 70 jours concentrés et s'arrêter d'un coup, ça n'existe pas.

Aucune manifestation de joie sur le bord : quelques sourires, des regards brillants qui se croisent, ce sera tout.

J'ai l'impression formidable et délicieuse que maintenant tout peut arriver, rien n'a plus d'importance. D'ailleurs Yves ne s'y trompe pas, il me regarde en se marrant : « Maintenant on peut démâter. » C'est vrai, c'est notre première pensée, quelle que soit l'avarie, la ligne est coupée, encore une fois, plus rien n'a d'importance.

Il va simplement falloir rentrer au port en évitant la casse, ce qui n'est jamais évident avec un bateau trop rapide et la meute qui nous entoure.

A l'entrée du chenal du Four, on réduit la toile, 2 ris trinquette, alors qu'il y a à peine 15 à 17 nœuds de vent, de façon à ne pas semer nos accompagnateurs, et de ne pas avoir trop de puissance et trop de vitesse.

Je regarde la côte bretonne sous le soleil : elle est magnifique, émouvante. J'ai un amour fou pour ce pays de Bretagne, pour cette région de Brest, Ouessant, Molène, Brest, le chenal du Four, l'île de Sein, la pointe du Raz, le cap de la Chèvre, le Toulinguet, le Goulet. J'adore ce pays, où la mer s'appelle Iroise, avec des couleurs de nulle part ailleurs, avec une côte que sa sauvagerie a préservée et protégée.

Je n'ai jamais vu autant de bateaux à Brest, tout ce monde est venu pour nous accueillir, et nous fêter, c'est magnifique, et en même temps je n'ai jamais autant eu envie d'être seul.

Je vais à l'avant pour penser à tout ça.

Alors me revient l'histoire depuis le début, et je pense à Raoul Gardini, à Charal, à Jérôme Monod, à la Lyonnaise des Eaux, à Hervé Coral, à Sport-Elec, à tous ceux qui nous ont aidés, qui ont accompagné ce parcours difficile.

J'ai une vraie sensation de bonheur en pensant qu'en coupant la ligne en vainqueur aujourd'hui, nous avons payé notre dette, cette dette qu'exigent la confiance et la foi en vous que peuvent avoir les autres et qu'il faut tout faire pour ne pas décevoir. Or je sais qu'on n'a pas déçu. En moi-même, en silence, je suis heureux.

Nous n'avons pas battu ce record par hasard, mais grâce à notre travail, notre acharnement, et notre plaisir de courir. Nous sommes allés chercher ce Trophée là où personne n'osait aller. Dans le Sud, où il y a le plus de bonheurs et d'embûches, on parle souvent de ses aspects les plus terrorisants, pourtant, ils ont aussi un côté ensorceleur.

Dans cette lente procession de l'arrivée, je voudrais bien n'être que spectateur. Nous sommes obligés d'être encore acteurs, pour arriver jusqu'au quai, mettre le pied à terre, et aller au-devant de l'énorme foule qui nous attend.

Ce sont des gens de Brest, de cette ville que j'aime, des gens qui connaissent bien la mer, et qui ont suivi ce qu'on a fait.

Ils sont heureux, discrets, gentils. Chaleureux. Mais tant de bruit, tant de monde, tout d'un coup, me font presque perdre la conscience du réel. J'ai l'impression d'être somnambule.

A la conférence de presse, où je ne suis pas tout à fait « revenu sur terre », je réponds aux questions, sans me réveiller, ni me rendre bien compte de tout ce qui se passe, jusqu'au moment où un journaliste commence à m'expliquer qu'on n'aurait pas dû prendre ce départ si tardif. A ce moment-là, c'est fait, je me réveille : nous sommes bien revenus dans le monde des vivants.

Mais tout cela n'a pas vraiment d'importance, à côté de l'immense bonheur de retrouver notre équipe à terre : Louis-Noël Viviès, Didier Ragot, Régis Rassouli, Laurent Esquier, Christophe Hébert, Bruno Tilliet, Fabrice Gieules, tous ceux qui ont encaissé tous les coups alors que nous, nous avions au moins le plaisir de naviguer. J'ai l'impression que mon équipage est enfin complètement reconstitué.

Dans un coin de la pièce je les embrasse tous d'un seul regard, je les vois tous ensemble, et j'ai une petite larme. Personne ne la voit, tant mieux.

C'est avec eux demain, que je recommencerai à courir, c'est avec eux que se construira l'avenir de notre armement, c'est avec eux que nous mettrons sur pied un grand bateau, pour tous les records du monde.

Avec eux je sais que tout est possible.

ANNEXES

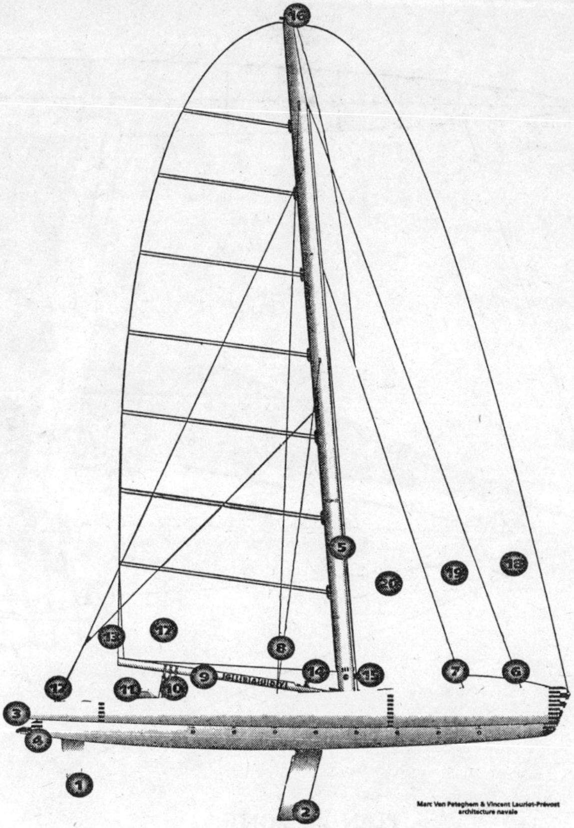

PLAN DE PROFIL

1. Safran – pale en carbone, mèche titane.
2. Dérive – carbone.
3. Flotteur – carbone sandwich.
4. Coque centrale – carbone/epoxy.
5. Mât – carbone.
6. Étai de solent – kevlar.
7. Étai de trinquette – kevlar.
8. Galhaubans – kevlar.
9. Bôme – carbone.
10. Écoute de grand-voile – spectra.
11. Dog house – Poste de veille.
12. Bastaques – spectra.
13. Bosses de ris – spectra.
14. Winch de prise de ris.
15. Winches de drisses.
16. Tête de mât.
17. Grand-voile – spectra.
18. Gennaker – spectra.
19. Solent – spectra.
20. Trinquette – spectra.

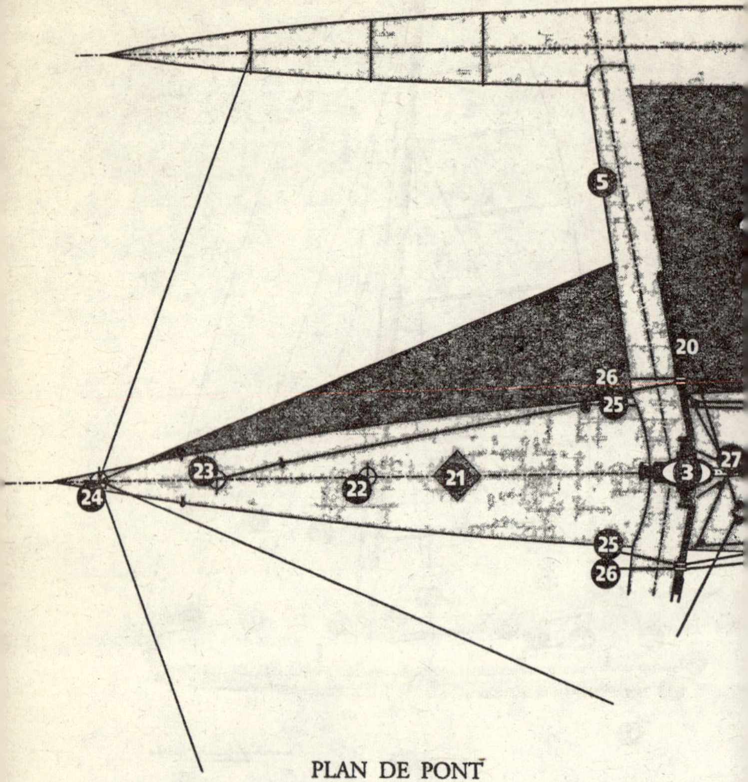

PLAN DE PONT

1. Flotteur tribord.
2. Coque centrale.
3. Mât aile. Carbone. Un homme peut entrer à l'intérieur.
4. Filets. Trampoline volant.
5. Bras de liaison avant.
6. Winches. Bastaques et écoutes trinquette, solent.
7. Winches. Rotation du mât, chariot et écoute grand-voile.
8. Moulins à café. Manœuvrant les winches 6 et 7.
9. Barre à roue et compas.
10. Écoute de grand-voile. Spectra.
11. Winches. Écoutes de gennakers, dérive.
12. Poulies de bastaques.
13. Rail et chariot de grand-voile. Réglables par winch 7.
14. Toilettes. Utilisées au vent, pas confortables mais très beau panorama car seule la tête dépasse.
15. Ancrage des galhaubans. Les galhaubans sont les seuls câbles tenant le mât latéralement.

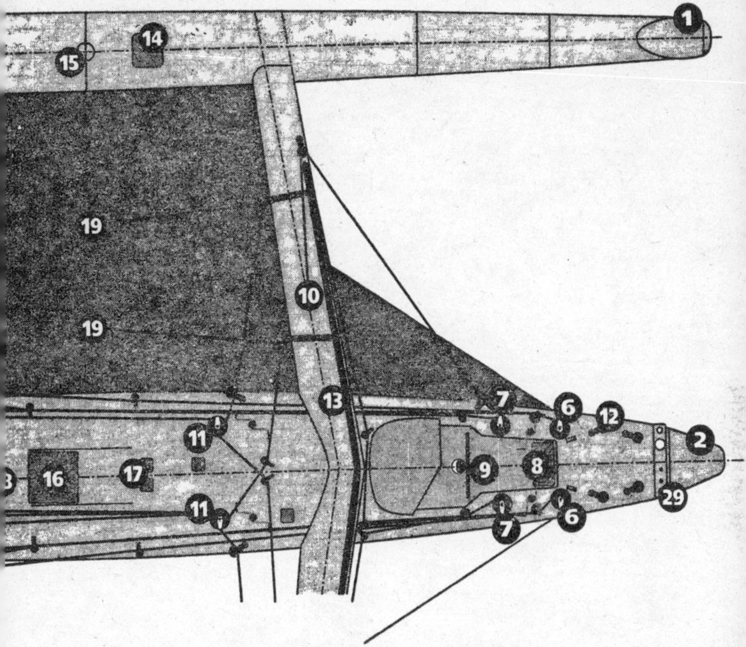

Marc Van Peteghem & Vincent Lauriot-Prévost
architecture navale

16. Capot de soute à voiles. Stockage de toutes les voiles et matériels de réparations.
17. Hublots du compartiment couchettes. Pour aérer le dortoir.
18. Puits de dérive. La dérive est réglable en hauteur par le winch 11.
19. Écoutes de gennakers. Spectra.
20. Rails et chariots de solent et trinquette. Réglage du point de tire de ces voiles.
21. Capot de soute avant. Stockage des gennakers.
22. Point d'amure de trinquette.
23. Point d'amure du solent.
24. Point d'amure des gennakers.
25. Écoutes de trinquette. Spectra.
26. Écoutes de solent. Spectra.
27. Bras de rotation du mât. Permet de faire pivoter le mât aile sur son axe pour optimiser son profil aérodynamique.
28. Cloison étanche. Chaque section de coque est dotée d'un système de pompage.
29. Portique porte-antennes. Supporte les antennes de inmarsat, gps et radio B.L.U.

CARACTÉRISTIQUES DE SPORT-ELEC

Longueur HT	: 27 mètres
Largeur HT	: 17 mètres
Hauteur mât	: 33 mètres

Matériaux

Coque centrale	: Epoxy-Verre-carbone-Kevlar
Flotteurs	: Carbone-Nid d'abeille-Carbone (Œuvres mortes) Carbone-Mousse divinicell-Carbone (Œuvres vives)
Bras	: Carbone
Mât, bôme	: Carbone monolithique
Gréement dormant	: EPI Kevlar
Gréement courant	: Spectra
Voiles	: Spectra

Année construction

Flotteurs	: Construits en 1992 par ACX (Charal) Modifiés en 1993 par CDK Technologie (Lyonnaise des Eaux)
Coque centrale	: Construite en 1992 par CDK Technologie (Charal)
Bras	: Construits en 1987 par CDK (Poulain)
Mât	: Construit en 1994 par CDK Technologie (Lyonnaise)
Bôme	: Construite en 1992 par ACX (Charal)
Gréement dormant	: EPI 1994 et 1996
Gréement courant	: Gleinstein, Cousin 1996

Concepteurs et ingénieurs

Architectes	: Marc Van Peteghem & Vincent Lauriot-Prévost (Paris)
Ingénieur structure	: Hervé Devaux (HDS), Klone développement (Brest)
Ingénieur construction	: Hubert Desjoyaux (CDK, Port-la-Forêt) Xavier Joubert (ACX, Brest)
Voiliers	: Cudennec Incidences (Brest)

OLIVIER DE KERSAUSON ET SES COÉQUIPIERS

Olivier de Kersauson, capitaine
Yves Pouillaude, second capitaine
Hervé Jan, gréement
Didier Gainette, voiles
Thomas Coville, composites
Michel Bothuon, accastillage
Marc Le Fur, cambuse

Olivier de Kersauson

Capitaine.

Second d'Eric Tabarly pendant huit ans, Olivier de Kersauson a participé à toutes les aventures et les victoires des Pen-Duick, et il prend le commandement de Kriter II pour la course Londres-Sydney-Londres. Il gagne la première étape et casse son gouvernail à la seconde. Il fait partie des pionniers du multicoque, toujours à la pointe de la technologie. Il est le premier à construire un multicoque en composites (Ribourel), puis à lancer un trimaran à flotteurs longs (Poulain) avec lequel il se place second de la course de l'Europe, remporte plusieurs Grands Prix et le record de vitesse en solitaire autour du monde en 1989.

Depuis 1992, Olivier de Kersauson se consacre au Trophée Jules Verne, record autour du monde en équipage. Il part en duel contre Peter Blake en 1994 avec le soutien du groupe Lyonnaise des Eaux. Enza NZ (P. Blake) réussit à tourner autour du monde en 74 jours et 22 heures, tandis qu'Olivier de Kersauson et ses hommes tournaient en 77 jours et 5 heures. En dépit de tous les records du grand Sud et du record du monde de vitesse en 24 heures, Lyonnaise des Eaux arrive 55 heures derrière Peter Blake. Sur Sport-Elec, en 1997, il pulvérise le record de Blake.

Olivier de Kersauson et son équipage sont aujourd'hui les marins les plus rapides du monde.

Yves Pouillaude

Second capitaine.

Ancien officier de marine marchande, spécialiste des systèmes embarqués (Informatique, électronique et mécanique), Yves Pouillaude a été préparateur et équipier de nombreux multicoques de course avant de collaborer avec Olivier de Kersauson sur Poulain en 1987. Cela fait donc dix ans qu'Yves est de toutes les tentatives, équipier sur Charal, puis Lyonnaise des Eaux et aujourd'hui Sport-Elec.

Hervé Jan
Bosco, 40 ans
Gréement.

Ce Breton a déjà plusieurs Withbread à son actif, la dernière sur Brooksfield. Embarqué sur Poulain depuis le tour de l'Europe, il a rejoint l'armement en 1994 et a accumulé plus de 100 000 milles à bord du trimaran. Il est responsable du gréement.

Didier Gainette
40 ans
Voiles.

Ancien équipier de maxi et de multicoques (avec Philippe Poupon et Olivier Moussy), Didier a de nombreuses courses, dont la Withbread à son actif. Il est entré dans l'équipage en 1996. C'est un préparateur expérimenté, ayant notamment travaillé avec Jean-Louis Étienne sur Antartica.

Thomas Coville
28 ans
Composites.

Équipier de Primagaz, avec lequel il a disputé la course Québec-Saint-Malo. Il a participé à la coupe de l'America, deux Admirals Cups, plusieurs Ton Cups et sept Tours de France à la voile. Diplômé d'informatique, il est aussi membre de l'équipe de France. Il est responsable à bord des composites.

Michel Bothuon
Convoyeur professionnel, 38 ans
Accastillage.

Équipier du trimaran depuis deux ans, Michel a déjà plus de 70 000 milles en entraînement et courses à son bord. Spécialiste du Figaro et du solitaire, Michel a de nombreuses courses à son actif, dont la Route du Rhum.

Marc Le Fur
26 ans
Cambuse.

Marc est le benjamin du bord. Véritable force de la nature, son terrain de prédilection est la plage avant. Il est équipier depuis 1995 à bord du trimaran.

LES NOUVEAUX RECORDS MONDIAUX DU TROPHÉE JULES VERNE 1997

1. – Record Ouessant-Équateur
Peter Blake : 7 jours 4 heures 24 minutes (le 23 janvier 1994 à 17 h 24)
Olivier de Kersauson : 7 jours 13 heures 20 minutes (le 24 janvier 1994 à 2 h 14)
Bruno Peyron : 8 jours 19 heures 26 minutes (ancien record)

2. – Record Ouessant-Cap de Bonne-Espérance
Peter Blake : 19 jours 17 heures 53 minutes
Bruno Peyron : 21 jours 12 heures 48 minutes
Olivier de Kersauson : 22 jours 8 heures 55 minutes

3. – Record Équateur-Cap de Bonne-Espérance
Olivier de Kersauson : 10 jours 13 heures 27 minutes (Amélioré de 2 jours 2 minutes). *Nouveau record 1997*
Peter Blake : 12 jours 13 heures 29 minutes
Bruno Peyron : 12 jours 17 heures 22 minutes
Olivier de Kersauson : 15 jours 4 heures 31 minutes

4. – Record Ouessant-Cap Leeuwin (Ouest Australie)
Peter Blake : 29 jours 16 heures 1 minute
Olivier de Kersauson : 33 jours 2 heures 45 minutes
Bruno Peyron : 33 jours 7 heures 48 minutes

5. – Record Cap de Bonne-Espérance-Cap Leeuwin
Olivier de Kersauson : 8 jours 23 heures 17 minutes 3 secondes *Nouveau Record 1997*
Peter Blake : 9 jours 22 heures 8 minutes 30 secondes
Olivier de Kersauson : 10 jours 17 heures 43 minutes
Bruno Peyron : 11 jours 19 heures

6. – Record Cap de Bonne-Espérance-Tasmanie
Olivier de Kersauson : 11 jours 14 heures. *Nouveau record 1997*
Peter Blake : 12 jours 23 heures 46 minutes
Olivier de Kersauson : 13 jours 6 heures 15 minutes
Bruno Peyron : 15 jours 3 heures

7. – Record Ouessant-Tasmanie
Peter Blake : 32 jours 17 heures 39 minutes
Olivier de Kersauson : 35 jours 15 heures 17 minutes
Bruno Peyron : 36 jours 15 heures 48 minutes

8. – Passage antiméridien 180°
Olivier de Kersauson : 35 jours 26 heures 6 minutes.
Nouveau record 1997, 6 heures 43 minutes de moins que Peter Blake.
Peter Blake : 36 jours 8 heures 49 minutes
Olivier de Kersauson : 38 jours 5 heures 7 minutes
Bruno Peyron : 40 jours 6 heures

9. – Record Cap Leeuwin-Tasmanie
(Record d'Olivier de Kersauson de 1994, non amélioré)
Olivier de Kersauson : 2 jours 12 heures 32 minutes
Olivier de Kersauson : 2 jours 14 heures 40 minutes
Peter Blake : 3 jours 1 heure 38 minutes
Bruno Peyron : 3 jours 8 heures

10. – Record Tasmanie-Steward Island
(Record d'Olivier de Kersauson de 1994, non amélioré) (South West Cape. Nouvelle-Zélande)
Olivier de Kersauson : 1 jour 13 heures 51 minutes
Olivier de Kersauson : 1 jour 17 heures 58 minutes 54 secondes
Bruno Peyron : 2 jours 4 heures 40 minutes
Peter Blake : 2 jours 17 heures 8 minutes

11. – Record Cap Leeuwin-Steward Island
(Record d'Olivier de Kersauson de 1994, non amélioré)
Olivier de Kersauson : 4 jours 3 heures 5 minutes
Bruno Peyron : 5 jours 12 heures 40 minutes
Peter Blake : 5 jours 18 heures 46 minutes
Olivier de Kersauson : 4 jours 8 heures 42 minutes

12. – Record Cap Bonne Espérance-Steward Island
Olivier de Kersauson : 13 jours 7 heures 59 minutes. *Nouveau record 1997*
Olivier de Kersauson : 14 jours 11 heures 57 minutes
Peter Blake : 15 jours 16 jours 54 minutes
Bruno Peyron : 17 jours 7 heures 40 minutes

13. – Record Steward Island-Cap Horn
Olivier de Kersauson : 11 jours 17 heures 46 minutes 6 secondes
Nouveau record 1997
Olivier de Kersauson : 11 jours 23 heures 23 minutes
Peter Blake : 12 jours 15 heures 45 minutes
Bruno Peyron : 14 jours 10 heures 14 minutes

14. – Record Cap Leeuwin-Cap Horn
Olivier de Kersauson : 16 jours 2 heures 27 minutes 57 secondes.
Nouveau record 1997. Trois secondes !

Olivier de Kersauson : 16 jours 2 heures 28 minutes
Peter Blake : 18 jours 10 heures 30 minutes
Bruno Peyron : 19 jours 22 heures 54 minutes

15. – Record Tasmanie-Cap Horn
Olivier de Kersauson : 13 jours 11 heures 45 minutes. *Nouveau record 1997*
Olivier de Kersauson : 13 jours 13 heures 56 minutes
Peter Blake : 15 jours 8 heures 6 minutes
Bruno Peyron : 16 jours 14 heures 54 minutes

16. – Record Ouessant-Cap Horn
Olivier de Kersauson : 46 jours 16 heures 57 minutes 29 secondes. *Nouveau record 1997*
Peter Blake : 48 jours 2 heures 32 minutes
Olivier de Kersauson : 49 jours 5 heures 13 minutes
Bruno Peyron : 53 jours 6 heures 42 minutes

17. – Record des Cinq Grands Caps (Bonne-Espérance-Leeuwin-South East Cape-South West Cape-Cap Horn)
Olivier de Kersauson : 25 jours 1 heure 45 minutes. *Nouveau record 1997*
Olivier de Kersauson : 26 jours 20 heures 41 minutes
Peter Blake : 28 jours 8 heures 39 minutes
Bruno Peyron : 31 jours 17 heures 54 minutes

18. – Record Équateur-Cap Horn
Olivier de Kersauson : 35 jours 15 heures 12 minutes. *Nouveau record 1997.* Bat le record de Peter Blake de 5 jours 6 heures 56 minutes.
Peter Blake : 40 jours 22 heures 8 minutes.

19. – Record Équateur-Équateur par les Cinq Grands Caps
Olivier de Kersauson : 47 jours 11 heures 53 minutes. *Nouveau record 1997.* Améliore le record de Peter Blake de 6 jours 19 heures 18 minutes. Améliore le record de Bruno Peyron de 10 jours 5 heures 56 minutes
Peter Blake : 54 jours 7 heures 11 minutes
Olivier de Kersauson : 55 jours 13 heures 51 minutes
Bruno Peyron : 57 jours 17 heures 49 minutes

20. – Record Cap Horn-Équateur
Olivier de Kersauson : 11 jours 20 heures 41 minutes. *Nouveau record 1997.* Améliore le record de Bruno Peyron de 1993 de 1 jour 10 heures 12 minutes.
Bruno Peyron : 13 jours 6 heures 53 minutes (1993)
Peter Blake : 13 jours 9 heures 3 minutes (2 heures 10 minutes de plus)
Olivier de Kersauson : 13 jours 21 heures 59 minutes.

21. – Record Ouessant-Équateur (retour)

Olivier de Kersauson : 58 jours 13 heures 39 minutes. *Nouveau record 1997.* Améliore de 2 jours 21 heures 56 minutes

Peter Blake : 61 jours 11 heures 35 minutes.

22. – Record Équateur-Ouessant

Bruno Peyron : 12 jours 16 heures 41 minutes 23 secondes

Olivier de Kersauson : 13 jours 43 minutes 39 secondes

Peter Blake : 13 jours 10 heures 42 minutes 27 secondes

Olivier de Kersauson : 14 jours 1 heure 51 minutes 54 secondes

23. – Bonne-Espérance-Équateur (retour)

Olivier de Kersauson : 36 jours 22 heures 26 minutes. *Nouveau record 1997*

Peter Blake : 41 jours 17 heures 42 minutes

24. – Record Cap Horn-Ouessant

Olivier de Kersauson : 24 jours 21 heures 24 minutes 39 secondes. *Nouveau record*

Bruno Peyron : 25 jours 23 heures 34 minutes 23 secondes

Peter Blake : 26 jours 17 heures 35 minutes 27 secondes

Olivier de Kersauson : 27 jours 23 heures 50 minutes 54 secondes

25. – Record plus grande distance en 24 heures

Olivier de Kersauson (1994) : 524,6 milles (record mondial équipage)

Peter Blake : 520,9 milles

Bruno Peyron : 507 milles

26. – Record distance couverte en dix jours

Peter Blake : du 3 février à 13 heures au 12 février à 13 heures : 4347,5 milles (moyenne journalière : 434,75 milles. Moyenne horaire : 18,11 nœuds)

Olivier de Kersauson : du 25 mars au 4 avril : 4 286,27 milles

Note : Une étude plus approfondie des positions horaires sur cette période pourrait faire apparaître un résultat supérieur et donner le record à Olivier de Kersauson. Le calcul effectué prend en compte uniquement les positions de 13 heures à 13 heures.

27. – Record Tour du Monde sans escale. Trophée Jules Verne (catégorie équipage)

Olivier de Kersauson : 71 jours 14 heures 22 minutes 8 secondes. *Nouveau record 1997*

Arrivée à 6 heures 59 minutes 39 secondes UTC le lundi 18 mai 1997

Améliore le record de Peter Blake de 3 jours 7 heures 59 minutes 14 secondes (trois jours un tiers)

Améliore le record de Bruno Peyron de 7 jours 15 heures 53 minutes 48 secondes

Milleage : 24 895 milles. Moyenne 15,02 nœuds, 688 milles de moins que Peter Blake

Peter Blake (1994) : 74 jours 22 heures 17 minutes 22 secondes 26 408 milles. 988 milles de moins que Bruno Peyron. Moyenne : 14,68 nœuds. Record de Bruno Peyron battu de 4 jours 7 heures 58 minutes 34 secondes

Olivier de Kersauson (1994) : 77 jours 5 heures 3 minutes 11 secondes 26 491 milles. Moyenne 14,30 nœuds

Bruno Peyron (1993) : 79 jours 6 heures 15 minutes 56 secondes 27 372 milles. Moyenne 14,39 nœuds.

Olivier de Kersauson remporte 17 nouveaux records océaniques sur Sport-Elec

Olivier de Kersauson conserve 4 anciens records de Lyonnaise des Eaux (pas améliorés)

Total : 21 records océaniques sur les 27

Peter Blake conserve 5 records des 18 records remportés en 1994 sur Enza New Zealand

Bruno Peyron garde un seul record sur Commodore Explorer (Équateur/Ouessant : 16 jours 16 heures 41 minutes 23 secondes)

(Calculs de Christian Février,
Marc Van Peteghem
Vincent Lauriot-Prévot)

Olivier de Kersauson et son équipage remercient leurs partenaires :

M. et Mme Coral, Sport-Elec
MM. Monod et Brongniart, Lyonnaise des Eaux
MM. Héraclès et Orizet, le cherche midi éditeur
MM. Baudecroux et Rosier, NRJ
M. Geeroms, Giraudy
M. Le Bastard, Sika
M. Maille et la ville de Brest
M. Lacroix, Comtesse du Barry
M. Hubert Desjoyaux, CDK
MM. Van Peteghem et Lauriot-Prévot
M. Joubert, ACX
M. Sotto
M. Devaux, H.D.S.
M. Lambert, Port du Moulin Blanc
MM. Christophe et Bertrand Cudennec, Incidences
M. de Ayala, Mumm
M. Wlochovsky, Brooks et Gatehouse
M. Cotty
M. et Mme Tilliet, le Pen Duick
MM. Keith et Nigel Musto
M. Corre, Optima
Le Roc Sport
Bastide Technologies
SOPAB, Brest
CCI de Brest
Marine Nationale
M. Arati, Nannidiesel

TABLE

Achevé d'imprimer en avril 1998
sur les presses de l'Imprimerie Bussière
à Saint-Amand (Cher)

POCKET - 12, avenue d'Italie - 75627 Paris Cedex 13
Tél. : 01-44-16-05-00

— N° d'imp. 938. —
Dépôt légal : avril 1998.

Imprimé en France